# LISA BEVERE

# A DISPUTA PELA MULHER

REIVINDICANDO NOSSA
IDENTIDADE EM DEUS

Copyright © 2024 por Lisa Bevere. Todos os direitos reservados.

Título original: *The Fight for Female*

Todos os direitos desta publicação são reservados à Vida Melhor Editora Ltda. Nenhuma parte desta obra pode ser apropriada e estocada em sistema de banco de dados ou processo similar, em qualquer forma ou meio, seja eletrônico, de fotocópia, gravação etc., sem a permissão dos detentores do copyright.

As citações bíblicas são da *Nova Versão Internacional* (NVI), salvo indicação contrária.

| | |
|---|---|
| TRADUÇÃO | Thaís Gomes |
| COPIDESQUE | Jean Xavier |
| REVISÃO | Gabriel Braz e Shirley Lima |
| DESIGN DE CAPA | Gabê Almeida |
| DIAGRAMAÇÃO | Sonia Peticov |

---

Dados Internacionais de Catalogação na Publicação (CIP)
(Câmara Brasileira do Livro, SP, Brasil)

B467d   Bevere, Lisa
1.ed.     A disputa pela mulher: reivindicando nossa identidade em Deus / Lisa Bevere; tradução Thaís Gomes. – 1.ed. – Rio de Janeiro: Thomas Nelson Brasil, 2024.
240 p.; 13,5 x 20,8 cm.

Título original: The fight for female.
ISBN 978-65-5217-004-0

1. Autoestima nas mulheres. 2. Feminilidade. 3. Mulheres – Aspectos religiosos – Cristianismo. 4. Mulheres – Identidade. 5. Mulheres – Vida cristã. I. Título.

09-2024/19                                                 CDD 230.082

---

Índice para catálogo sistemático:
1. Mulheres: Aspectos religiosos: Cristianismo   230.082
Bibliotecária responsável: Aline Graziele Benitez – CRB-1/3129

Os pontos de vista desta obra são de responsabilidade de seus autores e colaboradores diretos, não refletindo necessariamente a posição da Thomas Nelson Brasil, da HarperCollins Christian Publishing ou de suas equipes editoriais.

Thomas Nelson Brasil é uma marca licenciada à Vida Melhor Editora LTDA. Todos os direitos reservados à Vida Melhor Editora LTDA.

Rua da Quitanda, 86, sala 601A - Centro,
Rio de Janeiro/RJ - CEP 20091-005
Tel.: (21) 3175-1030
www.thomasnelson.com.br

*Ela será chamada mulher,*
*porque do homem foi tirada.* (Gênesis 2:23)

Filha linda,
embora a mulher tenha sido criada por último,
ela não é menos importante.
Tu foste criada à imagem de Deus
e renasceste como filha dele.
Porém, temo que tua divina identidade e
a autoridade dele em tua vida estejam sendo atacadas.
Um velho inimigo quer privar-te dessa identidade.
Não permitas que ele faça isso.
Cada dia nos oferece a escolha
entre coragem e covardia.
Escolhe com sabedoria.
Desperta e sê a resposta
que Deus te criou para ser.

# SUMÁRIO

1. Sonhos, dragões e filhas de Deus — 9
2. Lutando pela identidade que recebemos de nosso Pai — 23
3. Lutando por nosso corpo sagrado — 37
4. Lutando no mundo espiritual — 55
5. Lutando pelas futuras gerações — 79
6. Lutando para recuperar o que se perdeu — 99
7. Lutando para nos unirmos pela causa de Deus — 109
8. Lutando pela verdade — 127
9. Lutando para encontrarmos nossa voz — 145
10. Lutando pelo senso comum e por uma linguagem em comum — 165
11. Lutando culturalmente a favor da feminilidade — 183
12. Lutando contra os ídolos — 193
13. Lutando por mais heroínas — 211

*Agradecimentos* — 229
*Notas* — 231

# 1. SONHOS, DRAGÕES E FILHAS DE DEUS

*Pois a verdade é que Deus fala, ora de um modo,*
  *ora de outro,*
*mesmo que o homem não o perceba.*
*Em sonho ou em visão durante a noite,*
*quando o sono profundo cai sobre os homens*
*e eles dormem em suas camas,*
*ele pode falar aos ouvidos deles*
*e aterrorizá-los com advertências.*

(Jó 33:14-16)

Deus falou no passado e ainda fala no presente. Suas palavras ressoam por toda a terra com poder supremo e propósito eterno. A pergunta é: "Será que estamos ouvindo sua voz?".

Peço fervorosamente ao Senhor que, por meio de minhas palavras e das Escrituras, você o ouça. E depressa. Não podemos perder nem um minuto sequer, pois um dragão feroz e furioso está à solta, buscando destruir nossas filhas. Em meio à confusão e ao caos em que vivemos, ele quer que nos esqueçamos de quem somos e do propósito de nossa feminilidade.

Muitas vezes, os sonhos servem como mensageiros de Deus. Eles nos visitam à noite, quando o barulho das distrações se cala, e, ao iniciarmos o dia, fogem de nossos pensamentos.

## A disputa pela mulher

Só mais tarde, quando vemos ou ouvimos alguma coisa em especial, é que nos lembramos e pensamos: *Por que isso me parece familiar? Será que já vi algo assim antes?*

Os sonhos nos aconselham enquanto dormimos. Quem nunca foi para a cama com certo estado de espírito e acordou com uma perspectiva completamente diferente? E existem outros sonhos... sonhos que levam algum tempo para entendermos. Creio que, ainda hoje, Deus silenciosamente nos alerta por meio de sonhos.

Ele falou com José, filho de Jacó, por meio de um sonho que, mais tarde, mostrou ser uma providência para os filhos de Israel em tempos de fome. Foi em um sonho que Deus apareceu a Salomão e lhe concedeu o dom da sabedoria. Em um sonho, um anjo disse a José que recebesse Maria como sua esposa; um segundo sonho o instruiu a fugir para o Egito, a fim de escapar de um rei assassino; e um terceiro sonho lhe disse que seria seguro voltar para Israel, pois Herodes já havia falecido. O chamado de Paulo para pregar aos macedônios veio mediante um sonho.

Todas nós sonhamos, porém alguns sonhos são pesadelos. Aprendi a também prestar atenção neles, principalmente quando são recorrentes. Mas você já sonhou com dragões?

Eu já. Uns dez anos atrás.

Naquela época, eu não sabia exatamente o que o sonho estava me mostrando, mas hoje sei que se tratava de uma mensagem para nosso momento atual. Nesse sonho, eu entrava em um salão repleto de mulheres de todas as idades que conversavam tranquilamente. Eram mulheres cultas, comunicativas e bem-vestidas, cuja vida transbordava força e potencial feminino. Senti que as conhecia, mas não me lembro de nenhuma delas especificamente. Eu observava à porta do salão, até que alguém se virou para mim e me convidou a entrar. Mas eu hesitei. Havia algo terrivelmente errado ali.

Todas aquelas mulheres acalentavam em seus braços um filhote de dragão.

Os pequenos dragões tinham a pele brilhante como joias e estavam vestidos com uma variedade ridícula de roupas de bebê. Seus pescoços de serpente estavam adornados com enfeites e babados. Não pude deixar de notar suas presas, afiadas como navalhas, pairando perigosamente perto do pescoço desprotegido daquelas mulheres. Horrorizada e perplexa com a familiaridade delas com os dragões, perguntei-lhes:

— Por que vocês estão segurando esses dragões? Não fazem ideia de quanto são perigosos?

Uma após outra, as mulheres sorriram ao me ver estupefata. Trocaram olhares compreensivos e menearam a cabeça diante de meu pavor. Em seguida, abraçaram ainda mais seus dragões, como se estivessem protegendo-os da tolice de minhas palavras, e tranquilizaram-me dizendo que aquela era uma espécie dócil e sábia.

Mas eu não concordava.

Aqueles dragões não eram dóceis nem sábios, mas, sim, cruéis e astutos. Eram predadores, não animais de estimação. Eles odiavam as mulheres, porém estavam satisfeitos em fingir o contrário, esperando o crescimento de seu poder e de sua influência sobre elas.

Aquelas serpentes sabiam que eu as considerava malignas. Elas me olhavam pelo canto dos olhos, e eu estava ciente de sua hostilidade velada. Contudo, elas se continham, porque o ato de me atacar e me ferir atrapalharia seus planos. De repente, uma das mulheres me convidou para acariciar um ponto macio da pele de seu dragão e tentou me ensinar como fazê-lo, passando seus dedos pela curvatura do pescoço do animal.

— Viu como ele é dócil? Não tenha medo.

Mas eu não estava com medo; eu estava furiosa. Enquanto aquela mulher falava, eu ouvia os pensamentos de seu dragão em minha mente: *Qual é o problema?*, penetrou-me aquela voz suave. *Afinal, acariciar um dragão não é o mesmo que ter um.*

## A disputa pela mulher

Entretanto, eu sabia que acariciar o dragão seria o mesmo que concordar com suas mentiras. Até mesmo o ato de fingir que concordava com ele iria contradizer o que eu sabia ser verdade. Portanto, fiz que não com a cabeça e virei-lhe as costas, mas imediatamente fui confrontada por outra mulher, que me convidou a segurar seu dragão coberto de babados.

— Ele não é fofo? — murmurou ela. — Segure-o aqui.

Ela estendeu seu bichinho de estimação para mim; porém, em vez de pegá-lo, eu avancei e dei um tapa no pescoço daquele dragão.

A violência de meu pesadelo me acordou.

Nesse momento, aquele salão cheio de lindas mulheres segurando dragões de todas as cores desapareceu, e lá estava eu, sozinha em um quarto de hotel escuro, deitada de costas, chacoalhando os braços no ar, com as mãos agarrando algo invisível. Costumo dormir de lado e ter um sono tranquilo, mas fiquei completamente desconcertada com aquele sonho, que afetara meu mundo real. Então, peguei meu iPad e registrei o sonho, com seu cenário e as interações, e continuei acordada na cama até o amanhecer, tentando compreender o que tinha sido aquilo e qual era o seu significado.

Algumas coisas ficaram claras logo de imediato, mas outras só fizeram sentido algum tempo depois.

A primeira coisa que entendi foi que considerar dragões seres seguros não os torna seguros. E mais: aquilo que nos recusamos a confrontar enquanto ainda é pequeno pode crescer e, mais tarde, tornar-se algo extremamente ameaçador. Aquele sonho era um alerta. Quanto mais cedo são expostas à luz da verdade, mais as mentiras enfraquecem. Abraçar dragões e suas mentiras sempre acaba mal, e Adão e Eva descobriram isso ao concordar com as mentiras da serpente. Se eles caíram em tamanho perigo por darem ouvidos às mentiras de uma serpente, quanto mais nós, se concordarmos com as mentiras de um dragão!

SONHOS, DRAGÕES E FILHAS DE DEUS

O mal não é nosso amigo, então não o proteja, não arranje desculpas para ele, não concorde com ele, não o abrace. O mal não ama a humanidade; na verdade, ele a odeia e distorce tudo o que foi formado pelo Criador. Não existe aliança entre a luz e as trevas, entre o bem e o mal. Essas são forças opostas, portanto não se deixe enganar. Fomos avisadas há muito tempo que o dragão e seus subordinados são capazes de se disfarçar de anjos de luz.

> [...] pois o próprio Satanás se disfarça de anjo de luz. (2 Coríntios 11:14)

O mal não deixa de ser mal por estar vestido de inocência. Por isso, devemos ter cuidado com as coisas às quais fazemos vista grossa, com aquilo que consideramos inofensivo. Afinal, dragões não combinam com roupas de bebê.

Dragões obtêm poder sobre nós ao nos roubar e enganar. Eles são agentes do caos e da destruição, e a única coisa que produzem é mais dragões. Eles não criam nem constroem nada de útil, e usam seu poder apenas para satisfazer ao seu apetite por devastação e destruição.

No entanto, você pode estar se perguntando: "Como isso é possível se dragões não existem?".

Muitas coisas não são concretas, mas, mesmo assim, existem. Há dragões ocultos na história da humanidade. Um inimigo bastante real emergiu das sombras, e ele tem vários nomes: Lúcifer, Satanás, pai da mentira, adversário, diabo, príncipe dos demônios, maligno, Apoliom, Belzebu, enganador, inimigo, tentador, príncipe do poder do ar, acusador, o deus desta era, o *grande dragão*.

Esse inimigo tem o objetivo de destruir você e aniquilar suas filhas. Ele está por trás de cada ato brutal praticado contra as mulheres. Ele é o autor do mal que leva ao abuso sexual e ao desprezo contra elas, do mal que vai de sequestro a tráfico sexual.

## A disputa pela mulher

Esse inimigo não quer fazer as pazes; se você ceder um milímetro, ele avança um quilômetro. Com ele, não existe negociação, nem tratado de paz. Ele está determinado a tirar das mulheres a autoridade que Deus nos deu, distorcendo nossa beleza e nosso propósito femininos. No entanto, há esperança para nós.

> *Contos de fadas são mais que verdadeiros,*
> *não por dizerem que dragões existem, mas por*
> *dizerem que dragões podem ser vencidos.*
>
> NEIL GAIMAN[1]

Fiquei pensando: *Por que não havia homens no salão de meu sonho?* Por vários motivos, talvez. Pode ser que meu sonho tenha sido exclusivamente feminino porque eu sou mulher e, em geral, ministro a mulheres. Porém, acima de tudo, creio que as mulheres e todas as coisas relacionadas à feminilidade estão sendo específica e estrategicamente atacadas pelo inimigo porque Jesus está voltando para buscar uma noiva. E o inimigo está comprometido em desconstruir e redefinir o conceito de noiva.

> "Regozijemo-nos! Vamos alegrar-nos
> e dar-lhe glória!
> Pois chegou a hora do casamento do Cordeiro,
> e a sua noiva já se aprontou.
> Para vestir-se, foi-lhe dado linho fino, brilhante e puro.
> O linho fino são os atos justos dos santos." (Apocalipse 19:7-8)

Para ser bem sincera, não há como negar que a igreja parece muito diferente da noiva descrita no livro de Apocalipse. Infelizmente, é mais comum ouvirmos falar dos atos impuros e injustos dos santos do que de seus atos puros e justos. Mesmo assim, não importa quão imundas nos tornemos, nosso Noivo nos perdoa quando nos arrependemos e consegue enxergar quão melhores seremos no futuro.

Meu sonho levou a outra pergunta curiosa: "Como aqueles dragões conseguiram enganar as mulheres do salão, levando-as a acreditar que eles eram animais de estimação?". Dificilmente cobras fazem amizade com mulheres. Talvez as mulheres tenham sido iludidas porque o pecado tem o poder de cegar. Sempre que o pecado aumenta na igreja e na cultura, surge uma atmosfera de engano (veja Mateus 24), e é nesse contexto que homens e mulheres começam a se enxergar como inimigos, e não como aliados.

Mesmo prestando pouca atenção ao seu redor, você sabe que existe um tipo de ódio contra as mulheres e outro tipo de ódio dentro das mulheres. A cada dia que passa, mais aparente se torna a hostilidade externa e interna à mulher. É impossível não perceber que uma força oculta e distorcida está extremamente incomodada com as mulheres, e que esse ódio se manifesta de várias formas pecaminosas:

- estupro
- agressão
- preconceito contra pessoas de idade
- excesso de controle
- cortes nos pulsos
- suicídio
- pobreza
- racismo
- ansiedade
- divórcio
- fofoca
- violência
- aborto
- censura
- preconceito
- transtornos alimentares
- distorções

# A disputa pela mulher

- mutilação
- pedofilia
- perversão
- acusação
- generocídio
- disformia corporal
- minimização
- pornografia
- tráfico sexual
- demissões
- cultura de cancelamento
- homossexualidade
- marginalização
- sexualização das mulheres
- misoginia (ódio a mulheres)
- misandria (ódio a homens)

Tudo isso (e muito mais) se resume a uma tentativa de manipular, confundir, sexualizar e aniquilar as mulheres. No entanto, agora sabemos quem está por trás desses ataques. Apocalipse 12:17 nos ajuda a entender por que isso acontece:

> O dragão irou-se contra a mulher.

As Escrituras e a cultura ocidental veem os dragões como agentes do caos e da morte. Atualmente, as ações do dragão têm desestabilizado nossa cultura, e nós sofremos com o furor de políticas separatistas, patriarcados cruéis, feminismo agressivo, ideias marxistas, racismo, heresias, ideologias de gênero confusas, aumento de feitiçaria, satanismo, ganância, guerras, violência de todos os tipos, cultura de celebridades, cultura de cancelamentos, aborto e formas abusivas de religião. Essas e outras ideologias são usadas pelo dragão para liberar sua fúria. Lutamos contra algo que não é humano, algo que é demoníaco.

SONHOS, DRAGÕES E FILHAS DE DEUS

O rancor do dragão está ligado a um mal mais obscuro do que é possível descrever.

Esse dragão tem um plano sistemático para desconstruir a imagem de Deus na masculinidade e na feminilidade, e é movido por uma antiga fúria chamada inimizade: um ódio tão profundo que, quanto mais subsiste, mais cresce em alcance e intensidade. Esse conceito de inimizade foi introduzido pela primeira vez em Gênesis, quando Deus se dirigiu à serpente:

> Então o SENHOR Deus declarou à serpente:
> "Uma vez que você fez isso,
> maldita é você entre todos os rebanhos domésticos
> e entre todos os animais selvagens!
> Sobre o seu ventre você rastejará,
> e pó comerá todos os dias da sua vida.
> Porei inimizade entre você e a mulher,
> entre a sua descendência e o descendente dela;
> este ferirá a sua cabeça,
> e você lhe ferirá o calcanhar". (Gênesis 3:14-15)

É importante notar que foi Deus quem pôs inimizade entre a serpente e a mulher. No princípio do tempo, ele definiu que a mulher e sua semente fariam parte de seu plano redentor, e amaldiçoou a serpente e sua descendência. Esses dois legados foram colocados para sempre em oposição um ao outro. Você deve conhecer a expressão "divergências inconciliáveis", que se refere a duas pessoas que costumavam andar lado a lado, mas que não conseguem mais seguir adiante juntas e, então, tomam rumos diferentes. Essa expressão é utilizada em casos de divórcio, de desfiliação partidária e de cisão corporativa, em que ambas as partes concordam em discordar.

Inimizade é outra coisa. Inimizade é "hostilidade inconciliável". Nunca houve união entre as partes; portanto, nunca poderá haver acordo entre elas. A única forma de haver união

## A disputa pela mulher

entre nós e nosso inimigo mortal seria se ele nos enganasse e nos fizesse acreditar que é um amigo sábio.

Penso que o objetivo da serpente era que a queda da humanidade no Éden nos tornasse inimigos de nosso Criador para sempre. No entanto, Jesus, na cruz, restaurou a ponte entre nós e Deus, levando sobre si nosso pecado. Quando Cristo assumiu nosso lugar, o dragão foi afastado, e agora segue por outro caminho. ·

> Quando o dragão foi lançado à terra, começou a perseguir a mulher que dera à luz o menino. (Apocalipse 12:13)

Aquilo que começou no Jardim persiste até o dia de hoje. O dragão odeia tudo o que nossa feminilidade representa. Talvez seja por isso que a mitologia antiga fala de donzelas sacrificadas para apaziguar dragões e acalmar sua fúria. Contudo, o dragão que nos ameaça não ficará saciado com a vida de umas poucas jovens.

Enquanto eu fazia pesquisas para escrever este livro, encontrei um artigo que me provocou uma profunda reflexão: "Resgatando nossas donzelas da cultura da morte", de Joseph Pearce. Ele dizia o seguinte:

> Dragões preferem a carne virgem das donzelas, não por pura fome, mas porque são malignos. Eles desejam contaminar tudo o que é puro e imaculado, querem devorar, violar e destruir toda e qualquer virgindade. Não é difícil encontrar semelhanças entre eles e os "dragões" humanos de nosso mundo. Portanto, a guerra contra o dragão não é uma guerra contra um monstro palpável [...] e sim contra a perversidade que vemos ao redor em nosso dia a dia. Todos enfrentamos nossos dragões de cada dia, e todos precisamos nos defender deles, se possível matando-os, algo que só se torna viável com o auxílio da graça de Deus. A preocupante realidade é que, ou lutamos contra os dragões que encontramos na vida, ou nós mesmos nos tornaremos dragões.

Não existe meio-termo. Não há posição neutra nessa luta até a morte. Ou lutamos contra o dragão ou nos transformamos nele.[2]

Esse artigo foi escrito em 2016, o mesmo ano em que tive meu sonho. Contudo, desde 2014, Joseph Pearce já falava desse ataque em forma de suicídio, abuso sexual, agressões físicas e consumo de pornografia. Se a situação de nossas filhas já era delicada naquela época, hoje é gravíssima.

As virtudes são ridicularizadas, como se fossem vícios.

Criam-se novas palavras e novos prefixos. As palavras existentes são despojadas de seu significado original.

A biologia é subjetiva, e os sentimentos recebem primazia.

Casamentos são contratos, não alianças sagradas.

A pornografia tenta invadir os lares por meio da internet.

Às crianças não nascidas, é negado seu direito à vida.

Ideologias de gênero manipulam nossos filhos.

Vestiários, banheiros e prisões femininas são espaços disputados.

Pais são coagidos a aceitar a identidade de gênero de seus filhos.

Existe pressão para que os pedófilos sejam chamados de "pessoas atraídas por menores".[3]

Perversidades e fetiches são considerados normais a uma velocidade alarmante.

A batalha espiritual nunca esteve mais óbvia. Não se trata de uma batalha *contra* a alma de homens e mulheres, mas, sim, de uma batalha *pela* alma de homens e mulheres. Paulo faz essa distinção em Efésios 2:1-3.

> Vocês estavam mortos em suas transgressões e pecados, nos quais costumavam viver, quando seguiam a presente ordem deste mundo e o príncipe do poder do ar, **o espírito que agora está atuando nos que vivem na desobediência**. Anteriormente, todos nós também vivíamos entre eles, satisfazendo as vontades

# A disputa pela mulher

da nossa carne, seguindo seus desejos e pensamentos. Como os outros, éramos por natureza merecedores da ira. (Grifo da autora)

Ou seguimos o Deus Altíssimo, ou seguimos o dragão, que é o "príncipe do poder do ar". O espírito do dragão enreda os que vivem em desobediência, depois os usa para realizar seus propósitos.

O ataque do dragão não para quando nos alcança; em vez disso, ele prossegue com o ataque, buscando destruir nossos filhos. Quando os homens esmorecem, as mulheres se tornam a última linha de defesa dos pequeninos, e, como tal, sempre sentiremos o ataque contra nossos filhos com maior intensidade. Observe novamente o que Deus disse à serpente em Gênesis 3:15.

> Porei inimizade entre você e a mulher,
> entre a sua descendência e o descendente dela;
> este ferirá a sua cabeça,
> e você lhe ferirá o calcanhar.

A maioria dos estudiosos da Bíblia concorda que a declaração "este ferirá a sua cabeça" se refere à vitória de Jesus na cruz, e que "e você lhe ferirá o calcanhar" diz respeito ao incansável ataque do inimigo contra o Corpo de Cristo. Vemos esse conflito mais uma vez em Apocalipse 12:17.

> O dragão irou-se contra a mulher e saiu para guerrear contra o restante da sua descendência, os que obedecem aos mandamentos de Deus e se mantêm fiéis ao testemunho de Jesus.

Nessa passagem, "a mulher" significa várias coisas: a nação de Israel (de forma coletiva) e Maria (de forma específica); a igreja (de modo coletivo) e a Noiva (de modo específico). Aquilo que o dragão odeia de forma coletiva, ele também odeia de forma individual. Sabemos que a interpretação de "a mulher" não se limita literalmente à nação de Israel, pois hoje os judeus não se atêm ao testemunho de Jesus.

Essa luta por feminilidade não é pelos direitos femininos, mas, sim, uma batalha para resgatar e recuperar o direito que Deus nos deu desde que nascemos. Aquilo que uma geração perde, a geração seguinte luta para recuperar. Há batalhas que os homens devem lutar, e há batalhas que somente as mulheres podem vencer. Essa batalha é nossa, e requer arrependimento, redenção e resgate. Creio que estamos preparadas para a restauração e a recuperação das coisas que foram perdidas, substituídas e roubadas de nossa identidade feminina há décadas.

> ESSA LUTA POR FEMINILIDADE NÃO É PELOS DIREITOS FEMININOS, MAS, SIM, UMA BATALHA PARA RESGATAR E RECUPERAR O DIREITO QUE DEUS NOS DEU DESDE QUE NASCEMOS.

Por muito tempo, lutamos umas contra as outras, incapazes de enxergar nosso verdadeiro inimigo. Ficamos exaustas lutando as batalhas erradas e atacando aliadas. É hora de proclamar palavras de esperança e vida, e não de desespero e morte. Nunca é tarde para nos lembrarmos de quem realmente somos: as inimigas do dragão.

---

*Pai celeste,*

*Venho a ti em nome de Jesus. Creio que nasci para este momento, momento que é, ao mesmo tempo, aterrorizante e maravilhoso. Agradeço-te por me confiares a honra de ser mulher. Ensina-me a enxergar o encanto e a beleza que vês nessa luta para recuperar o que foi perdido. Amém.*

# 2. LUTANDO PELA IDENTIDADE QUE RECEBEMOS DE NOSSO PAI

*Criou Deus o homem à sua imagem,*
*à imagem de Deus o criou;*
*homem e mulher os criou.*

(Gênesis 1:27)

Há mais de vinte anos, percebi que eu não era quem dizia ser.

Quando me casei, mais de quarenta anos atrás, descuidei-me e acabei não mudando meu nome perante a lei. Confundi-me e achei que, ao cancelar minha carteira de motorista do estado de Indiana, na qual constava meu nome de solteira, e colocar Bevere em minha nova habilitação do Texas, estaria tudo resolvido. Daquele dia em diante, passei a usar apenas o sobrenome Bevere: os cheques que assinava, os pagamentos que recebia e os livros que escrevi, tudo isso estava com meu novo sobrenome. Quando nos mudamos para a Flórida, também troquei a licença do Texas com a mesma linha de raciocínio. Estava tudo bem até que fui ao Departamento Estadual de Trânsito do Colorado para obter uma nova habilitação.

## A disputa pela mulher

Depois de uma espera excessivamente longa, chamaram meu nome. Entretanto, quando fui ao balcão de atendimento, eles negaram a emissão da carteira de motorista, alegando que, de acordo com seus registros, não existia alguém com o nome de Lisa Bevere. Ir ao Departamento de Trânsito já é complicado em dias normais, mas aquele dia para mim foi o pior de todos. Mostrei a eles meu passaporte, que continha meus nomes de solteira e casada separados por um hífen, e disse que tinha certeza de que havia um engano. Mesmo assim, para o Departamento de Trânsito, eu não existia com nenhum daqueles sobrenomes. Fiquei transtornada e expliquei que já havia escrito livros, recolhido impostos e trabalhado sob o registro daquele nome. Mostrei à funcionária minha habilitação da Flórida, na qual constava Bevere como meu sobrenome, mas de nada adiantou, pois, nos registros que eles tinham, não havia meu sobrenome de solteira nem o de casada.

Saí do balcão e desatei a chorar.

Comovida, a atendente tentou me ajudar, dizendo: "Se você puder provar que esse é seu nome de solteira, podemos lhe dar a habilitação".

Mas como eu faria tal coisa? Saí do estabelecimento, respirei fundo e telefonei para o escritório de registros da universidade que cursei. Eles foram muito gentis e me mandaram por fax alguns documentos que comprovavam minha identidade.

No entanto, por mais que aquela ida ao Departamento de Trânsito tenha sido estressante, poderia ter sido pior. E se eu tivesse esquecido quem eu era? E se eu tivesse acreditado neles quando me disseram que eu não tinha nenhum daqueles sobrenomes? Se isso tivesse acontecido, eu teria aceitado perder meu nome. Mas eu sabia quem era, então algo assim nunca iria acontecer. Não importava que eles não soubessem quem eu era, porque eu nunca duvidei da minha identidade.

Não consegui provar quem eu era contando o que havia feito, nem mostrando a carteira de habilitação que trazia em mãos. Eles queriam saber meu nome original. Queriam que eu provasse que era filha de meu pai. Isso me ensinou que vivermos sem a consciência inata de quem realmente somos é como uma aventura na selva sem mapa nem bússola. Não obstante, vivemos em um tempo em que a identidade feminina está sendo questionada.

Mesmo antes de eu contar meu sonho sobre os dragões, você provavelmente já sabia que havia algo de errado. Talvez exatamente por isso é que você ainda esteja lendo este livro. A princípio, a sombra do dragão era apenas uma ideia remota, uns poucos acréscimos à nossa linguagem, algumas pequenas variações do que considerávamos ser uma mulher. Então, essa sombra se tornou mais do que palavras e novas ideologias: tornou-se uma guerra contra as mulheres, ameaçando o significado da feminilidade.

Pode ser que você ache exagerado chamar isso de guerra, como se minha terminologia fosse muito chocante e fatalista. Eu entendo. Contudo, enquanto hesitamos e medimos nossas palavras cautelosamente, o dragão já intensificou seu ataque contra nossas filhas.

Este livro foi, de longe, o mais difícil que já escrevi. Lutei com as palavras até ficar exausta. Nunca vivi tamanha batalha espiritual e tantos problemas físicos. Era como se eu estivesse sendo puxada de um lado pela raiva; de outro, pela dor. Eu já tinha escrito sobre identidade, mas essa mensagem nunca havia sido tão urgente. Não basta saber *quem* você é; tornou-se crucial saber *por que* você existe, antes que seja tarde demais.

Tenho visto a imagem e o significado de *mulher* e *feminilidade* sendo sistematicamente diminuídos e menosprezados. O inimigo quer perverter a imagem da feminilidade porque a mulher foi criada à imagem de Deus.

Profanamos a imagem de Deus por nossa conta e risco.

## A disputa pela mulher

É possível que tenhamos sido descuidadas por não termos compreendido o que significa portar a imagem de Deus. A palavra *imagem* foi usada pela primeira vez em Gênesis 1:26.

> Então disse Deus: "Façamos o homem à nossa imagem, conforme a nossa semelhança".

Nessa passagem, a palavra *imagem* expressa uma ideia, uma visão, um reflexo e um conceito na imaginação de seu Criador, além de uma representação de quem ele é. Isso quer dizer que você é uma ideia de Deus.

A masculinidade e a feminilidade foram criadas de maneira singular para refletir a imagem de Deus. O fato de a mulher ter sido a última a ser criada não significa que seja menos importante. Na verdade, a mulher sempre fez parte dos planos de Deus, e o próprio conceito de mulher ilustra o profundo cuidado de nosso Criador e sua resposta a nossos anseios. O termo *imago Dei* abrange tanto o masculino como o feminino, e esse simples fato mostra que Deus nos confiou algo incomparável.

Nesse sentido, Gênesis 1:27 deveria desafiar a forma que vemos a nós mesmas. Em vez de nos curvarmos às nossas limitações e à nossa autopercepção, a *imagem de Deus* é a revelação da maneira que ele nos vê. A *feminilidade* sempre teve uma identidade e um propósito divinos. Porém, o dragão quer arrancar da humanidade toda ligação com Deus, levando-nos a adorar coisas inferiores. Romanos 1:21 diz:

> Porque, tendo conhecido a Deus, não o glorificaram como Deus, nem lhe renderam graças, mas os seus pensamentos tornaram-se fúteis e o coração insensato deles obscureceu-se.

Quando Deus não é devidamente honrado, nossa mente se enche de coisas fúteis e nosso coração é obscurecido pela insensatez. Nossa história do Éden à cruz, depois da Queda, é uma coletânea de fracassos: o Dilúvio, a torre de Babel, a idolatria no deserto, a idolatria na terra prometida... tudo isso levou a guerras e exílios. Quando nós, portadoras da imagem de Deus, não pecávamos adorando coisas inferiores, ocupávamo-nos em transformar a adoração em um conjunto de intermináveis regras religiosas. Cada uma dessas contaminações distorceu nossa imagem e semelhança de Deus. A humanidade perdeu o rumo: ficamos sem vida e sem esperança, lutando em um mundo opressor e violento, transtornado pela separação. E, por termos perdido o rumo, passamos a nos comportar de forma cruel e desumana.

Deus ouviu nossa angústia e nos respondeu com a suprema salvação. Em vez de nos rejeitar e nos afastar de si após milênios nos rebelando contra ele, Deus se aproximou e redimiu os desgarrados portadores de sua imagem mediante a vida de seu Filho unigênito. Por quê? Por causa de seu amor por nós. Ele sabia que todos precisávamos do amor de um Pai e precisávamos pertencer a uma família. Em Cristo, ele nos adotou e nos chamou de filhos e filhas.

> Vejam como é grande o amor que o Pai nos concedeu: sermos chamados filhos de Deus, o que de fato somos! Por isso o mundo não nos conhece, porque não o conheceu. (1João 3:1)

A grandeza desse presente é evidenciada pelo nome que ele nos deu: seus filhos. Toda a humanidade foi criada para refletir a imagem de Deus, mas somente os filhos refletem a natureza de seu Pai. Todos são portadores de sua imagem, mas nem todos são filhos de Deus. Passamos a pertencer a ele. A passagem de 1João continua assim:

> Amados, agora somos filhos de Deus, e ainda não se manifestou o que havemos de ser, mas sabemos que, quando ele se

A disputa pela mulher

manifestar, seremos semelhantes a ele, pois o veremos como ele é. Todo aquele que nele tem esta esperança purifica-se a si mesmo, assim como ele é puro. (1João 3:2-3).

Nas Escrituras, vemos tanto a promessa das coisas *presentes* como a promessa das coisas *futuras*; somos filhos que refletem o coração e a natureza de Deus. Nossa esperança está nele e, quando o buscamos, ele se revela a nós, refinando-nos, restaurando-nos e transformando-nos.

Quando passamos a ter fé nele, há uma grande troca. Jesus Cristo comprou nossa liberdade completa, a fim de podermos ser completamente seus. Somos convidados a lhe entregar nossa insignificância destruída, pecaminosa, egocêntrica e sensual, e receber sua magnitude gloriosa. Trocamos nossa existência passageira e espiritualmente morta por sua vida eterna; entregamos nossa vontade própria e recebemos sua vontade divina; nossa enfermidade é substituída por seu amor, que cura; e nossos pensamentos e caminhos são humilhados e depois elevados aos pensamentos e caminhos dele. Ele nos amou muito antes de o conhecermos, e nos escolheu muito antes de sabermos que tínhamos escolha. Debaixo do senhorio de Jesus, o domínio do pecado e das trevas chegou ao fim. Não seguimos mais os mandos e desmandos de nosso eu. Agora, seguimos a liderança de nosso Rei e Salvador, e temos o Espírito Santo como nosso Guia e Conselheiro. Deus é seu Pai e você é filha do Altíssimo.

## Filha de Deus

Você está divinamente selada por aquele que disse que você é dele.

A identidade que você tem é de filha.

A identidade que eu tenho é de filha.

Seu Pai celestial está mais comprometido com você do que você mesma pode imaginar.

Você foi adotada muito antes de ser abandonada.

Você foi resgatada muito antes de se perder.

Você já era conhecida por ele e predestinada a ser dele.

A identidade de *filha*...

   ... é muito mais íntima do que a identidade de menina ou mulher.

   ... torna você mais completa do que o casamento.

   ... é o abraço de uma família.

   ... declara que você é *desejada* e *bem-vinda*.

   ... diz ao mundo que você *pertence* a ele.

   ... prova que você *tem um pai*.

   ... sussurra que você *tem uma mãe*.

*Filha* é uma declaração de proteção e provisão.

Filhas são amadas. Isso é verdade independentemente da maneira que sua vida começou, e é verdade independentemente de quão difícil e confusa sua vida possa estar neste momento. Saiba disto: você sempre foi desejada.

Tive a honra de desempenhar muitos papéis em minha vida: esposa, mãe, avó, sogra, escritora e pastora. Todos esses papéis são aspectos da minha vida, mas não são quem eu sou. Nosso mundo e nossa cultura nos identificam por nossas conquistas e responsabilidades, mas essas coisas são funções e papéis; não são nossa identidade. Currículos e cargos se referem àquilo que fazemos, ao passo que nossa identidade revela quem somos e a quem estamos ligadas. As coisas que tenho e que visto, o lugar onde moro e o veículo que dirijo são bens materiais. A certa altura, tudo isso pode mudar ou se perder. Se algo pode ser tirado de você, então esse algo é secundário à sua identidade, por isso ninguém deve permitir que seus bens o definam. Somente Deus tem o direito de nos conferir identidade. Você não é aquilo que faz. Você é aquilo que foi feito em seu favor.

Em dias repletos de confusão e caos, precisamos do alicerce da identidade que Deus nos deu. Em primeiro lugar, você foi

## A disputa pela mulher

criada para refletir a imagem de Deus; depois, foi redimida para ser filha dele. O Criador de todas as coisas, visíveis e invisíveis, criou você. Ele a enxerga e a ama, e eu me atrevo a dizer que ele *precisa* que você creia que foi feita intencionalmente para cumprir um propósito divino.

- Você é mais do que aquilo que faz, mais do que aquilo que já fez.
- Você é mais do que os bens que possui, mais do que os contatos que tem.
- Você é mais do que aquilo que enxerga, mais do que escolhe mostrar aos outros.
- Você é mais conhecida do que é capaz de entender.
- Mais amada do que é capaz de imaginar.
- Sua identidade é um presente de Deus.

A identidade que Deus lhe deu inclui seu corpo, mas não se limita a ele, pois, obviamente, você é mais do que seu corpo.

A identidade que Deus lhe deu inclui sua alma, porém é mais importante do que ela, porque você também é corpo e espírito.

A identidade que Deus lhe deu inclui seu espírito, mas não se limita a ele, pois somos seres trinos, compostos de corpo, alma e espírito.

Nosso corpo é nossa estrutura; nossa alma é nossa mente, nossa vontade e nossas emoções; e nosso espírito é o sopro de Deus. Essas três coisas são sagradas e estão profundamente entrelaçadas. É como nos lembra Eclesiastes 4:12: "Um cordão de três dobras não se rompe com facilidade".

Você pode achar que nem todas as partes de seu ser são sagradas.

Você pode achar que sua descrição mais precisa é de uma pessoa ferida, danificada e imperfeita, mas seu Criador enxerga mais do que fragilidade em sua composição.

Você pode achar que sua alma é disfuncional, agitada, assustada ou até irritadiça, mas Deus vê sua alma revestida da justiça divina.

Você pode achar que seu espírito foi renovado quando nasceu de novo, mas ainda pensar que chamá-lo de *santo* é um exagero. Foi justamente por isso que Deus nos deu a sua santidade, e não a nossa, convidando-nos para uma vida inteira de transformação nele.

## O que nós refletimos?

Ainda que agora nossa visão esteja limitada, embaçada e restrita ao tempo e ao espaço, chegará o dia em que nossa vida será plena e conheceremos Deus de forma plena. Paulo nos lembra:

> Agora, pois, vemos apenas um reflexo obscuro, como em espelho; mas, então, veremos face a face. Agora conheço em parte; então, conhecerei plenamente, da mesma forma com que sou plenamente conhecido. (1Coríntios 13:12)

Pode ser que estejamos míopes agora, mas eu lhe garanto que nosso Pai celestial não está. Neste exato momento, você é plenamente conhecida e amada, algo que, como seres humanos, todas nós desejamos desesperadamente. Vivemos em uma época de acesso quase ilimitado umas às outras, mas, apesar disso, nunca houve um tempo em que tantas mulheres se sentem mal compreendidas, insuportavelmente desconhecidas e invisibilizadas. Mesmo quando temos um instante de popularidade, alguns minutos de "fama", não sabemos se fomos realmente vistas pelos outros ou se aquilo que viram foi apenas uma máscara, algo que nós mostramos na expectativa de sermos aceitas e amadas.

Quando você se olha no espelho, o que vê?

## A disputa pela mulher

Você vê uma alma destroçada por fracassos e decepções? Você vê um corpo frustrante ou, pior, algo malfeito?

Você vê uma vida com o poder do Espírito ou uma vida governada pelas limitações da percepção que você tem de si mesma? Uma imagem refletida não é capaz de revelar mais do que a imagem original. Tal como um espelho, ela não é capaz de mostrar aquilo que não enxerga.

Deus quer ser a imagem que vemos e, em seguida, quer ser a imagem que refletimos. Quando fazemos isso, ele nos convida a uma vida de acordo com seus planos. Salmos 34:5 nos lembra: "Os que olham para ele estão radiantes de alegria; seus rostos jamais mostrarão decepção".

Enquanto eu me preparava para escrever este livro, estudei ciências, história, literatura e a Bíblia. Escutei podcasts, noticiários e debates. Comecei a escrever e parei tantas vezes que cada capítulo parecia mais uma peça de quebra-cabeça, mais uma peça que eu teria de ver onde poderia se encaixar. Desejo que, juntas, possamos encontrar as bordas de nosso quebra-cabeça e montar a linda figura da feminilidade, para nosso bem e para o bem de nossos filhos.

Ainda há pouco, falei do cordão de três dobras que compõe sua identidade divina: corpo, alma e espírito. Quero que você veja essas facetas de sua vida como cordões divinamente entrelaçados, interdependentes e intimamente ligados entre si. Gosto também de chamar esses cordões de unidade, força e fé, pois, desse modo, temos unidade em espírito, força em nosso corpo e o dom da fé para nossa alma.

Esses fatores são ativados quando temos a mentalidade de Cristo, que supera as mensagens limitantes de nossa mentalidade: insegurança, comparação e orgulho. Se deixarmos nosso eu nos governar, inevitavelmente seremos movidas a viver centradas em nós mesmas, cheias de autoconfiança, imaginando o que bem entendermos sobre nós mesmas, tentando nos motivar sozinhas, pensando apenas em nós, satisfazendo apenas a nós mesmas, apoiadas em nossa própria justiça e sabotando-nos, o que acabará nos levando a viver de forma egoísta. Nossa autoimagem está ligada à nossa aparência, às nossas conversas, às nossas realizações, à nossa educação, aos nossos relacionamentos e aos nossos bens. Quando nos ocupamos demais em melhorar a imagem que passamos para os outros, deixamos de lado nossa verdadeira identidade, a identidade de filhas criadas à imagem de Deus.

O tempo e a distância são capazes de erodir a consciência que temos de nossa origem divina. Mesmo assim, quando fazemos uma pausa em nossa vida, notamos que algo está errado. No silêncio, ouvimos um convite sendo sussurrado em nossos ouvidos: "Você foi criada para algo maior". Você foi criada para uma esperança gloriosa, para uma mentalidade eterna. Deus nos criou com a consciência inata de que existe algo maior do que esta vida. Maior do que coisas. Maior do que o nosso corpo. Maior do que as nossas realizações. Esse anseio nos convida a olhar para cima. Colossenses 3:2 nos exorta a fazer o seguinte:

> Mantenham o pensamento nas coisas do alto, e não nas coisas terrenas.

Sofremos quando temos a mentalidade errada. Sofremos quando procuramos nos lugares errados esse "algo maior" divino. Em vez de olhar para o céu em busca de sinais de nosso Criador, deixamos o olhar se voltar para baixo, para o mundo do eu. Contentamo-nos com pouco quando nos decepcionamos com as pessoas, com o governo e as instituições, com a religião e com nós mesmas. Entretanto, por mais que tentemos nos reorientar, nos atualizar ou simplesmente nos conformar com nossas próprias limitações, a lei da gravidade divina nos atrai.

**A disputa pela mulher**

Como mulher, Deus a *capacitou de forma especial* para realizar seus propósitos. No início, você era apenas uma portadora da imagem divina, mas seu destino é viver como filha de Deus. É hora de lutar pela identidade que Deus lhe deu.

---

*No final dos capítulos 2 a 12, inseri algumas perguntas para ajudá-la a refletir sobre sua própria luta pela feminilidade. Tente fazer uma pausa para pensar, orar e escrever suas ideias em um caderno à parte.*

- ▶ Quais nomes você tem dado a si mesma, tanto sozinha como na frente de outras pessoas? Você se vê dizendo: "Sou só uma _____"?
- ▶ O que vem à sua mente quando você ouve a expressão "filha de Deus"?
- ▶ Em que área você tem assumido o controle e confiado em si mesma, quando poderia submeter-se a Cristo e passar a confiar nele?

# 3. LUTANDO POR NOSSO CORPO SAGRADO

*Pois não temos um sumo sacerdote que não possa compadecer-se das nossas fraquezas, mas sim alguém que, como nós, passou por todo tipo de tentação, porém, sem pecado.*

(Hebreus 4:15)

Alguma vez você já se perguntou se Jesus compreende o desconforto de ser mulher? Talvez sua pergunta seja mais pessoal: Será que Jesus entende em que medida você se sente desconfortável como mulher?

Ao tentar entender a luta e até mesmo a dor de mulheres incrivelmente desconfortáveis em seu corpo, voltei-me para as Escrituras e encontrei as respostas que procurava.

A primeira delas foi que Jesus provavelmente se sentiu mais desconfortável com sua forma humana do que qualquer uma de nós poderia entender. Filipenses 2:5-7 nos diz:

> Seja a atitude de vocês a mesma de Cristo Jesus, que, embora sendo Deus, não considerou que o ser igual a Deus era algo a que devia apegar-se; mas esvaziou-se a si mesmo, vindo a ser servo, tornando-se semelhante aos homens.

Ele nos entende porque se tornou um de nós.

## A disputa pela mulher

Tente imaginar se puder: Jesus deixou de lado seus privilégios e sua forma divina, restringindo-se às limitações de nossa carne humana. Ele escolheu ficar desconfortável para que nele encontrássemos conforto.

Se uma casa estiver dividida contra si mesma, também não poderá subsistir. (Marcos 3:25)

Sei que esse versículo tem a ver com o mundo espiritual, mas o que eu quero mostrar com ele é que a divisão diminui a força das coisas – coisas que antes costumavam estar unidas. Quantas mulheres vivem como se fossem "casas divididas" em relação à natureza feminina? Criticamos e xingamos nosso corpo em vez de nos alegrarmos com ele e sermos gratas. Em vez de termos prazer na singularidade e nas capacidades de nosso corpo, vivemos uma relação de amor e ódio com nossa aparência. Não demora muito e vamos nos ver morando em um espaço dividido, sentindo-nos presas em uma casa que desprezamos. Além disso, as coisas que costumamos dizer a nós mesmas têm o poder de afetar nosso corpo, até mesmo em nível celular. A ciência está provando que "a língua tem poder sobre a vida e sobre a morte" (Provérbios 18:21). Em seu livro *Words Can Change Your Brain* [As palavras podem mudar o seu cérebro], os doutores Andrew Newberg e Mark Robert Waldman escreveram que: "Uma única palavra tem o poder de influenciar a expressão de genes que regulam o estresse físico e emocional".[1]

Lembro-me do dia em que minha alma e meu corpo se separaram, tornando-me uma casa dividida. Voltando para casa depois da escola, descobri que meu pai chegara mais cedo, e minha mãe e meu irmão estavam fora. Meu pai era um homem de aparência intimidadora. Cumprimentei-o e fui direto para o meu quarto, a fim de fazer as tarefas da escola, porém ele me chamou de volta para a sala. Senti que havia algo diferente em sua voz. Parecia frustração. Fiquei agitada. Será que eu tinha feito algo de errado?

— Venha aqui — resmungou ele.

Fui até a poltrona de couro preta, onde meu pai estava sentado, fumando.

— Dê uma volta. — Ele fez um gesto circular com o cigarro na mão.

Obedeci, dando uma volta constrangedora em torno de mim mesma.

Ele bufou alto e meneou a cabeça:

— Lisa, quanto você está pesando? Seu traseiro está enorme!

Fiquei paralisada. Eu não fazia ideia daquilo. Não tinha me pesado desde o acampamento de verão. Quando mencionei meu peso, meu pai retrucou:

— Bem, você não está mais no acampamento. Vá se pesar e volte aqui.

Ir me pesar? Aquilo era sério?

Até aquele dia, eu só me pesava quando fazia exame físico. Fui caminhando pelo corredor até o banheiro da suíte de meus pais, acendi a luz e subi na balança, hesitante. Imediatamente desci dela para ver se estava zerada. E estava. Meu pai tinha razão. Eu ganhara quase dez quilos desde o acampamento. Envergonhada, fui me arrastando até meu pai e falei meu peso. Ele dobrou o jornal, colocou-o de lado, pôs o cigarro no cinzeiro e disse para eu me sentar. Preparei-me para uma conversa séria.

— Lisa, você está pesada demais. Você está gorda. Ninguém vai querer namorar você desse jeito. Precisa se cuidar.

Fiz que sim com a cabeça e a conversa terminou ali. Meu pai pegou seu cigarro e seu jornal de volta, liberando-me para voltar ao meu quarto.

No caminho, fiquei pensando: Como não percebi isso? Será que outras pessoas também me acham gorda? Teria sido esse o motivo daquele cara de quem eu nem gostava ter terminado

# A disputa pela mulher

comigo? Tranquei a porta do quarto, baixei a persiana e rapidamente tirei a roupa, ficando só de calcinha e sutiã. Subi na cama para conseguir enxergar meu corpo no espelho da cômoda. Fiquei horrorizada com o que vi. Como aquilo tinha acontecido? Detestei meu reflexo do pescoço para baixo, vendo as dobras em minha barriga e as marcas de costura nas coxas, causadas pela calça jeans, que estava apertada demais. Naquele instante, meu corpo se tornou meu inimigo. Eu disse palavras horríveis e xinguei aquela imagem inchada no espelho. E foi assim que me transformei em uma casa dividida.

No jantar, sob o olhar vigilante de meu pai, comi metade do que costumava comer. Em seguida, vesti meu moletom do time de natação e corri na neve até meus pulmões doerem. Comecei a contrabandear algumas revistas de moda de minha mãe para meu quarto. Talvez aquelas mulheres impossivelmente belas das páginas reluzentes tivessem a resposta para o dilema do meu corpo. No entanto, em vez de me consolar ou me aconselhar, aqueles corpos modelados e aqueles rostos impecáveis riam de mim. Eu me tornei discípula deles por livre e espontânea vontade, pronta para experimentar qualquer novidade que ensinassem em relação a dietas ou exercícios físicos. E fui recompensada. Baixei meu peso. Meu pai me parabenizou por meus esforços. De repente, fui notada. Os garotos me chamavam para sair. E eu cheguei a algumas conclusões nada saudáveis:

- Mulheres magras são dignas de amor e atenção.
- Mulheres magras têm sua vida sob controle.
- Mulheres magras são bem-sucedidas.

Eu tinha quinze anos.

O problema que surgiu naquele dia foi crescendo até que meu peso passou a controlar minha vida na faculdade. Foram sete anos de loucura até eu ser curada, aos vinte e dois anos. Se essa foi a minha reação a uma única conversa a sós, imagine o que nossas filhas e outras jovens estão enfrentando neste exato momento!

As imagens de hoje vão além de fotos imóveis em papéis brilhantes. As imagens que as mulheres modernas enfrentam estão vivas e não há como escapar delas, porque elas estão em nossas mãos. Todos os dias, fotos com filtros conversam conosco, lembrando-nos daquilo que nos falta. Não sou contrária ao uso de filtro; eu mesma já usei em lugares com pouca iluminação, ou quando minha maquiagem não estava completa. O que sou contrária é às expectativas irreais que os filtros colocam sobre nós. Lembro-me de quando o Instagram era uma forma de nos manter em contato com os amigos e de motivar outras pessoas; agora, porém, é um mundo no qual nos comparamos com tudo e com todos.

O livro revolucionário de Abigail Shrier, *Irreversible Damage* [Dano irreversível], trouxe à tona os perigos de uma dieta constante de comparação e ideologias de gênero distorcidas.

> Praticamente todos os problemas atuais que os adolescentes enfrentam surgiram em 2007, quando Steve Jobs inventou o iPhone. De fato, o crescimento disparado da autoagressão pode ser localizado com precisão no surgimento dessa única invenção, à qual os pesquisadores atribuíram a culpa com pouquíssimas dúvidas [...] A explosão estatística do *bullying*, dos cortes nos pulsos, da anorexia e da depressão, bem como o crescimento da repentina identificação transgênero, tudo isso vem da doutrinação, da manipulação, do assédio e da incansável insinuação à autoagressão provenientes de um único *smartphone*.[2]

Esses problemas só se agravaram desde a publicação desse livro de Shrier. Muitas das tendências citadas alcançaram proporções epidêmicas, e as mulheres cristãs certamente não estão imunes a isso. Elas sofrem essas mesmas coisas, geralmente

A disputa pela mulher

acrescidas de uma boa dose de vergonha religiosa. Afinal, quem defende ou se alegra com um corpo que outras pessoas dizem ser carnal e pecaminoso? Mas o corpo da mulher não é nada disso.

## Não somos um ser secundário

A mulher não foi uma ideia que Deus teve depois de criar o homem, um ser secundário ou inferior. A mulher foi a grande conclusão da obra de Deus. Jesus disse que a igreja é sua noiva amada. Os homens não são mais redimidos do que as mulheres. Gálatas 3:28 nos diz:

> Não há judeu nem grego, escravo nem livre, homem nem mulher; pois todos são um em Cristo Jesus.

Jesus fez novas todas as coisas e restaurou a ponte entre homens e mulheres, tornando-nos um só. (Quero deixar bem claro que *um só* não significa "a mesma coisa", está bem?) Assim como você não foi uma ideia que Deus teve depois de criar o homem, seu corpo feminino também não foi uma ideia posterior.

> A MULHER NÃO FOI UMA IDEIA QUE DEUS TEVE DEPOIS DE CRIAR O HOMEM, UM SER SECUNDÁRIO OU INFERIOR. ELA FOI A GRANDE CONCLUSÃO DA OBRA DE DEUS.

Nosso corpo feminino foi projetado por Deus para a sua glória. Contudo, o inimigo de nossa alma também é o inimigo de nosso corpo. Ele distorce a visão de nossa aparência física porque odeia aquilo que nosso corpo é capaz de fazer. Ele tem prazer em sexualizar e, ao mesmo tempo, envergonhar a forma feminina. E, em certa medida, nosso silêncio tem permitido a humilhação de nossa aparência pela cultura em que estamos inseridas. Aliás, nós mesmas temos colaborado com isso. Se parássemos de comprar os produtos, cantar as músicas e vestir as roupas que depreciam a imagem de Deus em nós, as coisas iriam mudar. Talvez tenhamos permitido que nosso corpo feminino seja humilhado por nos esquecermos de que ele é sagrado e acharmos que nossa única alternativa é apelar para a sedução.

> Eu te louvo porque me fizeste de modo especial e admirável. Tuas obras são maravilhosas! Digo isso com convicção.
> (Salmos 139:14)

Será que você *realmente* já refletiu sobre essa passagem? Quero que se concentre um pouco nela para entender o significado de saber "com convicção" que seu corpo é maravilhoso. O corpo masculino e o corpo feminino foram feitos de forma especial e santa. Como mãe de quatro filhos e sogra de quatro filhas, aprendi que os homens entendem isso com mais facilidade e raramente duvidam que seu corpo é maravilhoso. As mulheres são muito, muito mais críticas em relação ao corpo, o que torna difícil aceitar a verdade de que ele é maravilhoso. Infelizmente, a confusão cultural e as distorções religiosas nos têm dado inúmeras razões para pensar o contrário. Não há problema algum em termos essas dúvidas; basta não permitirmos que nos levem a duvidar do amor de Deus.

Vamos explorar esse conceito de forma mais profunda, feminina e pessoal. O salmista não tinha dificuldade em reconhecer a obra criadora de Deus em seu ser. A versão bíblica *A mensagem* retrata as palavras de Davi em Salmos 139:14 da seguinte forma:

> Ah, sim! Tu me moldaste por dentro e por fora;
> tu me formaste no útero de minha mãe.
> Obrigado, grande Deus – é de ficar sem fôlego!
> Corpo e alma, sou maravilhosamente formado!
> Eu te louvo e te adoro – que criação!

## A disputa pela mulher

Você crê nisso? Crê que foi intencional e complexamente moldada por Deus de dentro para fora? Espero que sim. Não obstante, geralmente nos avaliamos de forma inversa, de fora para dentro. Mas escute: você foi amada e desejada quando era apenas uma palpitação, um murmúrio, uma mera sombra do que sua vida é agora. Você foi amada e ansiosamente aguardada quando estava no santuário do ventre de sua mãe. Sim. Mesmo que sua mãe não a tenha desejado, seu Pai estava habilidosamente tecendo seu corpo e sua alma. Infelizmente, as mulheres separam sua alma do corpo, com a ideia errada de que Deus ama apenas sua alma. Mas isso é mentira, e essa mentira tem contribuído para nosso estado atual de confusão em relação ao nosso corpo. A mentalidade de amar a alma e desprezar o corpo é como uma faca que corta a íntima ligação entre corpo e alma, e o inimigo fica satisfeito em se aproveitar desse corte.

Pode ser que, ao ler esse salmo no passado, você o tenha deixado mentalmente de lado. Deve ter pensado que era um versículo que se destinava apenas a homens ou, mesmo que se tenha atrevido a acreditar que essa verdade sobre ser maravilhosa era para você, bem... deve ter achado que era uma promessa remota, algo que acontecerá um dia no futuro. Um dia no futuro: quando você perder peso, fizer exercícios físicos com regularidade e couber nas roupas que costumava usar antes de engravidar (fique à vontade para acrescentar suas desqualificações pessoais), só então você acolherá essas palavras em seu íntimo. Por enquanto, o conceito de acreditar "com convicção" no fato de que seu corpo é maravilhoso está fora de alcance. Portanto, eu a desafio a acreditar nisso agora – e, se não fizer isso por si mesma, faça por suas filhas.

Fico triste ao ver que muitas mulheres pensam que Deus não estava profundamente envolvido em sua criação. Elas pensam que seu corpo é torto e disforme. Para certas mulheres, a dor é ainda maior: elas odeiam seu corpo feminino. Não veem nele uma maravilha; somente vulnerabilidades e limitações. Talvez alguém tenha agredido seu corpo, e agora parece que ele está separado de sua alma. Há muitas razões pelas quais seu corpo pode parecer uma prisão da qual você anseia escapar. Nosso Senhor entende tudo isso. Quero que saiba que você não está sozinha nessa luta e, apesar de eu nunca ter sofrido por me sentir incompatível com meu corpo feminino (disforia de gênero), por um bom tempo eu definitivamente não estava contente de ter nascido menina, principalmente depois de me tornar cristã.

Quando escapamos da armadilha do pecado, o inimigo tenta nos sujeitar à escravidão da religião. O dragão quer que pulemos de um abismo para outro, a fim de nos prender às mesmas condições pelas quais Jesus morreu para nos libertar. Ele quer nos ver escravas de nosso corpo e, se isso não for possível, ver nosso corpo escravo do legalismo. Ele não quer que sejamos livres como filhas do Espírito, mas, sim, nos fazer cair na armadilha da obsessão ou do ódio por nosso corpo. Durante anos, gritei angustiada, até que tive uma prova do amor terno e inigualável que Deus reserva às suas filhas, bem como dos carinhosos elogios de Jesus à sua noiva. Filha linda, fique em paz. Seu Criador deseja trazê-la de volta para um lugar de liberdade e plenitude.

Vamos enxergar a nós mesmas com novos olhos. Deixe de lado todas as imagens e vozes que passam por sua mente, gritando comparações sem-fim. Sim, aquelas imagens e vozes que sempre lembram você daquilo que não é, constantemente transmitindo mensagens como: "Faça isso e compre aquilo, porque você não é suficientemente magra, forte, jovem, bonita, desejada, atraente, rica, *fashion* e *sexy*".

E não, não vou dizer que você é mais do que suficiente, mas, sim, que é digna de admiração e alvo do amor de Deus. Não por algo que você tenha feito, mas por causa daquilo que ele fez.

A disputa pela mulher

Somos admirável e maravilhosamente feitas, e isso nada tem a ver com o que vemos no espelho nem com o que sentimos, tampouco com o lugar em que vivemos, o veículo que dirigimos e os bens que possuímos. Somos amadas como mulheres de uma forma admirável, maravilhosa e única. Não temos concorrentes. Afinal, somos filhas e herdeiras do Deus Altíssimo, aquele que não tem concorrentes. Somos suas filhas e estamos acima de qualquer comparação. Seu corpo é obra das mãos de Deus. Eu compreendo que você talvez não se sinta dessa maneira em certos dias, com determinada idade, em algumas situações ou fases de sua vida. Entretanto, o

> **VOCÊ É AMADA. NESTE EXATO MOMENTO. VOCÊ NÃO SERÁ AMADA APENAS NO FUTURO. VOCÊ É AMADA DESDE JÁ. O AMOR DE DEUS NOS TORNA SANTAS E COMPLETAS.**

Salmo 139 nada tem a ver com o que você sente. Ele fala de como seu Criador a fez e do que sente por você.

Você é amada. Neste exato momento. Você não será amada apenas no futuro. Você é amada desde já. O amor de Deus nos torna santas e completas.

## Fomos criadas intencionalmente

Seu corpo é uma obra maravilhosa de um Criador intencional. Davi se deleitou na maravilha dos feitos de *Deus* e viveu uma contínua revelação da obra e dos prodígios de seu Criador. Contudo, para muitas de nós, a história para por aqui. Nós vemos essa beleza nas estrelas, nas montanhas, nos oceanos e no restante da natureza. Vemos esse encanto nas crianças e temos um vislumbre disso em nossos amigos. Contudo, você consegue ver a maravilha da obra de Deus em si mesma, sem filtros? Homens e mulheres, ambos fomos criados à imagem de Deus e nos tornamos seus filhos. Aceite essa verdade. Éramos

LUTANDO POR NOSSO CORPO SAGRADO

reflexos de sua imagem e agora somos seus filhos. Fomos criados por ele e para ele.

> Portanto, irmãos, rogo pelas misericórdias de Deus que se ofereçam em sacrifício vivo, santo e agradável a Deus; este é o culto racional de vocês. (Romanos 12:1)

Tempos atrás, eu me concentrava na ideia de ser um sacrifício vivo para Deus e negligenciava a verdade de que, em Cristo, meu corpo é santo e aceitável a ele. Observe as palavras "santo e agradável". Por meio da cruz, houve uma troca: os imundos se tornaram santos, os rejeitados se tornaram aceitos e os que estavam separados da vida de Deus se tornaram participantes de sua natureza divina. Ele morreu por nós para que pudéssemos viver para ele, não em parte, mas como um todo.

Sua morte nos deu vida, e nossa obediência permite que aquilo que Jesus fez se manifeste em nossa vida e por meio dela. Seu sacrifício nos tornou santas; porém, se desprezarmos nosso corpo, como ele poderá ser um meio de adoração? Se Deus afirma que nosso corpo é santo e aceito por ele, quem somos nós para o chamarmos de totalmente inaceitável? Dito isso, devemos entender que mudar a maneira de enxergarmos nosso corpo começa pela renovação de nossa mente.

> Não se amoldem ao padrão deste mundo, mas transformem-se pela renovação da sua mente, para que sejam capazes de experimentar e comprovar a boa, agradável e perfeita vontade de Deus. (Romanos 12:2)

Renovar nossa mente significa ver cada detalhe de nossa vida como uma obra maravilhosa de Deus. Se nos falta encanto, tudo começará a faltar. Faltarão curiosidade, alegria, amor, força e tempo. Os momentos de maior deslumbramento em minha vida foram os nascimentos dos meus quatro filhos.

# A disputa pela mulher

Nunca me senti tão capaz quanto ao dar à luz. Fiquei encantada com a maravilha de meu corpo e de cada pequenina vida que segurei em meus braços. Meu marido sentiu a mesma coisa. Pode-se dizer que as mulheres foram feitas de forma ainda mais especial e admirável do que os homens. Afinal, Davi foi um guerreiro que tirou milhares de vidas, mas nunca deu à luz nenhuma vida. As mulheres são guerreiras que geram vidas.

Então, em vez de desperdiçarmos tempo nos preocupando com aquilo que não somos, convidemos o Senhor a entrar em cada área de nossa vida, do jeito que se encontra agora. O comentário bíblico de N. T. Wright sobre essa passagem nos ajuda a fazer a ligação:

> Para Paulo, a mente e o corpo estão intimamente interligados, e devem funcionar como uma equipe coesa. Ter a mente renovada e oferecer o corpo a Deus (Romanos 12:1) são parte de um só e único evento completo. Aqui, Paulo emprega uma ideia bem vívida e chocante: o ser integral de alguém (é o que ele quer dizer com "corpo") precisa ser colocado sobre o altar como um sacrifício no templo. A grande diferença é que, enquanto o sacrifício está lá para ser morto, a oferta cristã de si mesmo tem tudo a ver, na realidade, com voltar a viver a partir da nova vida que irrompe de maneiras inesperadas, uma vez que as más obras do próprio "eu" são mortificadas.[3]

Por que, então, não permitir que a vida de Deus transborde de dentro de nós e toque a vida de outras pessoas de maneira inesperada?

## Jesus é a resposta às perguntas difíceis

Pouco tempo atrás, uma amiga minha, muito bonita, fez-me uma pergunta sincera: "O que Jesus diria à minha amiga que acha que nasceu no corpo errado?".

Antes de responder, respirei fundo. "Penso que, antes de tudo, ele reafirmaria seu amor por ela", respondi.

Minha amiga concordou. Então, continuei dizendo: "E também penso que ele diria: 'Você não é um erro. Mesmo assim, entendo seu desconforto'. Em seguida, ele explicaria que este mundo não é o lar dela e que ela nunca se sentirá totalmente confortável aqui, pois foi criada para a eternidade".

Ansiamos por algo mais porque fomos feitas para algo mais. Lutamos contra o envelhecimento e a morte porque fomos feitas para a vida eterna. Por mais que nosso corpo seja maravilhoso, é apenas uma semente do que um dia será. Em 1Coríntios 15:42-44, Paulo explica isso da seguinte forma:

> Assim será com a ressurreição dos mortos. O corpo que é semeado é perecível e ressuscita imperecível; é semeado em desonra e ressuscita em glória; é semeado em fraqueza e ressuscita em poder; é semeado um corpo natural e ressuscita um corpo espiritual.

Tente entender da seguinte forma: se você nunca viu um tomate ou um pé de tomate, será que consegue imaginá-los vendo apenas uma semente de tomate, pequena, sem cor e com um formato estranho? Aquela pequena semente não é capaz de lhe dizer o que há dentro dela. Não obstante, nas condições adequadas, ela brotará, cheia de cor e sabor. O mesmo acontece conosco. Neste exato momento, somos apenas sementes aguardando que as condições adequadas revelem o que seremos um dia. Paulo continua dizendo:

> Assim está escrito: "O primeiro homem, Adão, tornou-se um ser vivente"; o último Adão, espírito vivificante. Não foi o espiritual que veio antes, mas o natural; depois dele, o espiritual. O primeiro homem era do pó da terra; o segundo homem, dos céus.
> (1Coríntios 15:45-47)

## A disputa pela mulher

Por enquanto, somos pó e sementes, nascidas da terra e nascidas de novo, para um dia renascer no céu. Sabendo que há muito mais aguardando dentro de nós, como podemos achar que nosso estado de pó e semente é confortável? Enquanto somos reprimidas, estamos agitadas. Estamos na tensão entre quem somos e quem seremos para sempre. A semente de nosso "algo mais" não brotará enquanto Jesus não voltar.

Contudo, o dragão mente para nós, dizendo: "Esta vida é tudo que existe. Seja seu próprio deus". O inimigo deseja que uma geração de filhos e filhas acredite que *foi malfeita*. Afinal, se conseguir fazê-los acreditar nessa mentira, eles não serão capazes de confiar sua grande transformação a um Criador que comete erros. Ao distorcer a verdade, o inimigo quer que duvidemos daquele que é a verdade. C. S. Lewis escreveu que

> uma criatura que se revolta contra um criador está se revoltando contra a fonte dos seus próprios poderes – incluindo até mesmo seu poder de se revoltar. [...]. É como o aroma de uma flor tentando destruir a flor.[4]

Para compreender a profundidade dessa declaração, temos de esclarecer nosso papel nela. Somos as criaturas, não o Criador, e, como tais, estamos na categoria das pessoas que recebem poder, não na categoria daquele que é todo-poder. Somos o aroma e a fragrância da flor; não somos a flor em si.

Essa comparação mostra a disparidade entre aquele que cria a magnificência a partir do nada e aqueles a quem ele criou. Pense no seguinte: se Deus não nos permitisse agir livremente, sequer conseguiríamos nos rebelar contra ele. Entretanto, rebelamo-nos mesmo assim e nem sabemos por quê. O profeta Isaías descreveu nossa fragilidade da seguinte maneira:

> Uma voz ordena: "Clame".
> E eu pergunto: O que clamarei?

> "Que toda a humanidade é como a relva,
> e toda a sua glória
>   como as flores do campo.
> A relva murcha, e cai a sua flor,
> quando o vento do Senhor
>   sopra sobre elas;
> o povo não passa de relva.
> A relva murcha, e as flores caem,
>   mas a palavra de nosso Deus
>   permanece para sempre". (Isaías 40:6-8)

O sopro da Palavra de Deus não se esvai. Tiago também mostrou a brevidade de nossos dias desta maneira:

> Vocês nem sabem o que acontecerá amanhã! Que é a sua vida? Vocês são como a neblina que aparece por um pouco de tempo e depois se dissipa. (Tiago 4:14)

À luz da eternidade, somos um aroma no ar, uma fragrância que desaparece e só reaparece na eternidade. As palavras de C. S. Lewis fazem lembrar as antigas queixas do profeta Isaías aqui registradas:

> Vocês viram as coisas pelo avesso!
> Como se fosse possível imaginar
>   que o oleiro é igual ao barro!
> Acaso o objeto formado
>   pode dizer àquele que o formou:
>   "Ele não me fez"?
>   E o vaso poderá dizer do oleiro:
>   "Ele nada sabe"? (Isaías 29:16)

De muitas formas e em muitos assuntos, nossa cosmovisão tem negado a bênção de termos sido criadas por Deus. Será que

## A disputa pela mulher

o barro diz ao oleiro, "Você não me fez", ou "Você não sabia o que estava fazendo quando me criou"? Isaías é meu profeta preferido, mas ele realmente pegou pesado nesses versículos! Por meio dele, o Senhor estava mostrando a diferença que existe entre a criatura e o Criador. Parafraseando, é como se Deus estivesse dizendo: "Vocês é que estão em minhas mãos, não eu nas suas". Nós somos ideia dele. Receio que tenhamos abraçado um pensamento distorcido novamente. Em Isaías 45:9, o profeta aborda essa questão mais uma vez:

> Ai daquele que contende
>    com seu Criador,
> daquele que não passa de um caco
>    entre os cacos no chão.
> Acaso o barro pode dizer ao oleiro:
> "O que você está fazendo?"
> Será que a obra que você faz pode dizer:
> "Você não tem mãos?"

A palavra *ai* serve para nós também! É hora de parar e voltar a raciocinar.

Em seu excelente livro *Ama teu corpo*, Nancy Pearcey fala sobre essa mesma ideia:

> Por que é aceitável modificar o corpo de uma pessoa para fazê-lo combinar com seu senso de eu interior, mas existe um preconceito contra ajudá-la a mudar seu senso de eu interior para fazê-lo combinar com seu corpo? Sentimentos podem mudar, mas o corpo é uma realidade visível e inalterada. Isso torna razoável considerá-lo um marcador confiável de identidade sexual.[5]

É importante respondermos a essa pergunta. Não é cruel para com nosso Criador quando exigimos que nossos sentimentos e nossa autoimagem venham em primeiro lugar, e não o fato de que fomos feitas por ele? Será que queremos aumentar ainda mais a destruição da casa dividida, separando nosso gênero do sexo biológico? Sim, há desafios muito reais a serem enfrentados em nosso mundo altamente sexualizado e invasivo. Sim, devemos amar as pessoas independentemente do que escolham fazer com seu corpo. Sim, Deus ama as pessoas, não importa as decisões que tomem. Entretanto, você não vê a sombra do dragão por trás disso?

Ele está sussurrando mentiras como: "Se você mudar, sua vida será melhor, você estará mais segura e será amada". Ele não quer que você saiba que a vida é difícil, mas que **VOCÊ NUNCA ESTARÁ MAIS SEGURA DO QUE QUANDO CRISTO FOR O SEU REFÚGIO.** é eterna. Você não precisa mudar para ser amada; você já é amada, e você nunca estará mais segura do que quando Cristo for o seu refúgio.

Ele nos vê como nós seremos um dia: transformadas e totalmente renovadas.

Eu sou uma mãe e uma avó falha e imperfeita; porém, mesmo assim, meu coração ainda palpita ao ver meus filhos e netos. Eu os amo. Desejo o melhor para eles. Consigo enxergar o que há de melhor dentro deles. Se até eu me sinto assim, quanto mais nosso Pai celestial, que é amor!

---

- ► Você tem vivido como se fosse uma "casa dividida"? Explique.
- ► De que parte de seu corpo feminino você tem vergonha?
- ► Você consegue se lembrar do momento exato em que se tornou uma "casa dividida"?
- ► O que você pode fazer para se reconectar ao seu corpo e vê-lo como um espaço sagrado criado por Deus?

# 4. LUTANDO NO MUNDO ESPIRITUAL

*Quando o único objetivo de seu inimigo é destruir
e aniquilar você, não se posicionar contra ele é o
mesmo que escolher morrer.*

Dr. Michael Heiser

O mundo espiritual é real, e demônios existem de verdade. Desse modo, precisamos vencer no mundo espiritual aquilo que enfrentamos no mundo natural.

Antes de me casar com John, voltei para a casa de meus pais por alguns meses a fim de providenciar os preparativos para nosso casamento. No entanto, havia uma opressão espiritual ali, e era algo avassalador, de tal modo que a atmosfera da casa parecia repleta de desespero. Algumas noites, eu acordava repentinamente de um sono profundo sentindo uma presença invisível me pressionando contra a cama. Eu me sentia sufocada ao tentar invocar o nome de Jesus. Algo me dizia: "Fique quieta, você não pode dizer esse nome. Você não tem o direito de fazer isso".

Mas eu sabia que aquilo era mentira. Assim, quando sussurrei "Jesus!", todo vestígio daquele mal se foi. É impossível negar que há autoridade no nome de Jesus, e os cristãos não precisam

# A disputa pela mulher

conquistar o direito de usar esse nome, pois ele é dado gratuitamente àqueles que o conhecem.

> Eu dei a vocês autoridade para pisarem sobre cobras e escorpiões, e sobre todo o poder do inimigo; nada lhes fará dano. (Lucas 10:19)

A ênfase aqui está na autoridade que nos foi dada por Deus, e não em nossos embates contra o mal. Não precisamos segurar cobras ou dançar em cima de escorpiões, pois o mal está tão perto quanto o celular em sua mão. Para lutar contra o mal, precisamos conhecer a Palavra de Deus e viver na autoridade do Espírito Santo, a quem pertencem os dons do Espírito. Lemos em 1Coríntios 12:7-11:

> A cada um de nós é concedida a manifestação do Espírito para o benefício de todos. A um o Espírito dá a capacidade de oferecer **conselhos sábios**, a outro o mesmo Espírito dá uma mensagem de **conhecimento especial**. A um o mesmo Espírito dá **grande fé**, a outro o único Espírito concede o **dom de cura**. A um ele dá o **poder de realizar milagres**, a outro, a **capacidade de profetizar**. A outro ele dá a **capacidade de discernir se uma mensagem é do Espírito de Deus ou de outro espírito**. A outro, ainda, dá a **capacidade de falar em diferentes línguas**, enquanto a um outro dá a **capacidade de interpretar o que está sendo dito**. Tudo isso é distribuído pelo mesmo e único Espírito, que concede o que deseja a cada um. (NVT, grifo da autora)

Quero ressaltar algumas coisas. Em primeiro lugar, todas nós temos um dom espiritual. Em segundo lugar, o motivo de recebermos esse dom é para ajudarmos outras pessoas; se nosso dom não for utilizado em benefício dos outros, provavelmente não vem do Espírito Santo. Destaquei na passagem os dons do Espírito: conselhos sábios, conhecimento ou discernimento especial, grande fé, dom de cura, poder de realizar milagres, capacidade de profetizar, capacidade de discernir se uma mensagem é do Espírito de Deus ou de outro espírito, capacidade de falar em línguas diferentes e capacidade de interpretá-las. Essa é a lista de dons do Espírito Santo.

Agora, responda sinceramente: algum desses dons é útil em nossos dias? Com certeza, sim! Todas podemos usar um pouco mais deles em nosso dia a dia. Precisamos encarecidamente de sabedoria, discernimento e cura: esses três dons seriam ótimos! Sei que há pessoas que já fazem uso de seus dons, mas nós precisamos de muitas outras capacitadas pelo Espírito Santo. Esses dons não deveriam ser usados apenas em momentos de comunhão, e sim praticados e exercitados na vida diária, uma vez que, aonde quer que possamos ir, sempre há pessoas necessitadas de orientação e encorajamento.

Penso que o problema surge quando a igreja enfatiza o dom em vez de seu propósito. Sei que muitas igrejas não ensinam sobre esses dons, nem treinam seus membros a fazer bom uso deles para servir a outros cristãos. Entretanto, algumas pessoas que fazem bom uso de seus dons têm feito toda a diferença em minha vida. Portanto, desafio você a orar e perguntar a Deus qual dom o Espírito Santo tem para lhe dar, a fim de que possa ajudar outras pessoas. Em seguida, ore e receba-o.

## O espírito de discernimento

Nosso sétimo ano de casamento foi extremamente tenso. John estava servindo como pastor de jovens universitários e profissionais de uma igreja, porém havia alguém na liderança que queria que ele fosse embora. Parecia que toda semana meu marido estava prestes a ser demitido. Tínhamos dois filhos pequenos e eu me sentia extremamente estressada, perguntando a ele o tempo todo: "Você não está preocupado com seu emprego?".

## A disputa pela mulher

John, porém, se recusava a ser arrastado para meu redemoinho de preocupação. E note que eu estava suficientemente preocupada por nós dois. Por que meu marido estava passando por problemas? Nós tínhamos um grupo de discipulado com nossos jovens e os incentivávamos a ler a Bíblia, orar diariamente e ficar longe de filmes não recomendados para menores de dezesseis anos. Porém, um dos pais, que tinha poder para demitir John, não gostava disso.

Quando as coisas estavam em seu pior estado, acordei bem no meio da noite pensando que nosso bebê tinha se agitado no berço. Levantei-me da cama, mas ele estava dormindo tranquilamente. Era madrugada, mas eu me sentia estranhamente alerta e instigada a orar.

Fui até a sala, iluminada pela luz da lua, e comecei a andar de um lado para o outro, orando silenciosamente conforme o Espírito me dirigia. Não demorou muito e eu estava orando com fervor. Estava cansada daquele ataque contra nossa família, mas não sabia exatamente contra o que estávamos lutando. Pedi ao Espírito Santo que me desse discernimento, e continuei a orar e circular pela sala. De repente, senti a atmosfera mudar e tive a impressão de que não estava sozinha. Nossa sala tinha dois andares e, quando abri os olhos, deparei com o holograma de uma mulher gigantesca ocupando todo aquele espaço. Ela parecia uma mistura de Cleópatra com guerreira amazona. Tinha uma beleza e uma força selvagens, porém parecia furiosa. Mesmo assim, não senti medo. Ela não se mexeu nem disse nada, então entendi que aquilo era o dom de discernimento de espíritos (1Coríntios 12:10) fazendo-me ver contra o que estávamos lutando. Logo um nome me veio à mente:

"Jezabel", sussurrei. "Estamos lutando contra um espírito de Jezabel."

Estávamos em guerra contra um espírito dominador que odiava o arrependimento. Continuei a circular pela sala e orar até sentir alívio. Quando olhei de novo, a imagem se fora e eu estava sozinha ali. Voltei para a cama e adormeci.

Na manhã seguinte, ao refletir sobre o que havia acontecido à noite, senti o Espírito Santo me dizer: "Renuncie à simpatia que você tem por esse espírito".

Orei pedindo que ele revelasse de que forma eu estava presa a Jezabel. Admiti que eu me via atraída por sua força, mas que sentia repulsa por sua fúria. Renunciei a essa atração e imediatamente pedi a Deus: "Mostre-me como tenho adotado as práticas dela".

No mesmo instante, lembrei-me de Jezabel conversando com seu marido, o rei Acabe, em 1Reis 21. Ele estava deprimido porque Nabote, o vizinho de seu palácio, não queria lhe vender a vinha de sua família, onde Acabe queria plantar uma horta.

> Nabote, contudo, respondeu: "O SENHOR me livre de dar a ti a herança dos meus pais!". (v. 3)

Acabe voltou para casa tão mal-humorado e irritado que se recusou a comer.

> Disse-lhe Jezabel, sua mulher: "É assim que você age como rei de Israel? Levante-se e coma! Anime-se. Conseguirei para você a vinha de Nabote, de Jezreel". (v. 7)

Em seguida, Jezabel elaborou um plano para roubar aquela terra para seu marido, abusando da autoridade dele.

> Então ela escreveu cartas em nome de Acabe, pôs nelas o selo do rei e as enviou às autoridades e aos nobres da cidade de Nabote. Naquelas cartas ela escreveu: "Decretem um dia de jejum e ponham Nabote sentado num lugar de destaque entre o povo. E mandem dois homens vadios sentarem-se em

## A disputa pela mulher

frente dele e façam com que testemunhem que ele amaldiçoou tanto a Deus quanto ao rei. Levem-no para fora e apedrejem-no até a morte. (v. 8-10)

Nabote foi acusado falsamente e assassinado de maneira injusta, de modo que o rei Acabe se apossou de sua propriedade para usá-la como horta.

A princípio, não vi ligação alguma entre mim e essa rainha que mentiu, roubou e matou um homem inocente por causa de uma vinha. Eu não estava cobiçando a vinha de ninguém... mas eu tinha escrito uma carta. Uma carta em nome de John. Eu queria denunciar aquele ambiente de trabalho tóxico ao pastor sênior de nossa igreja. Já era hora de acabar com aquelas mentiras, fofocas, ameaças e manipulações. O pastor sênior precisava saber o que estava acontecendo e resolver aquela situação. Se John não queria fazer isso, eu o faria, pelo bem de nossa família. (Vendo por outro lado, aquilo com certeza teria feito John ser demitido!)

Então, ouvi o Espírito Santo me advertir: "Estou fazendo uma obra importante na vida de seu marido, e seu desejo de protegê-lo vai atrapalhar o que quero fazer. Jogue fora essa carta e confie em mim".

Eu pensei que estava ajudando nossa família. No entanto, quando me dei conta, vi que o que eu queria era controlar a situação. Que horror! Contei tudo a John e, decidindo que Deus seria nosso defensor, entregamos toda aquela situação aos cuidados de nosso Pai celestial. A batalha era grande demais para tentarmos lutá-la de qualquer outra forma a não ser orando. Pouco tempo depois, quando John estava fora do país em uma viagem missionária, tudo foi esclarecido. Deus nos salvou sem precisar da minha ajuda. As lições que aprendemos com toda aquela confusão se transformaram no livro de John chamado *A isca de Satanás*, que abençoou a vida de milhões de pessoas em mais de 120 idiomas. E eu quase estraguei tudo!

LUTANDO NO MUNDO ESPIRITUAL

Contei a você essa história por dois motivos. O primeiro deles é porque nós, mulheres, tendemos a querer controlar e resolver tudo do nosso jeito. O espírito desta era e os sofrimentos de nosso passado nos incitam a querer controlar as coisas, e não a nos rendermos a Deus. Não estou dizendo que todas nós devamos ficar em silêncio diante de abusos que colocam outras pessoas em perigo. A reputação da minha família estava sendo atacada, mas nunca ficamos desprotegidos. Eu quis assumir a dianteira pelo bem de todos nós, porém Deus tinha um plano bem melhor para nos salvar.

Hoje estamos batalhando pela identidade feminina, pela segurança de nossos filhos e pela saúde de nossas famílias, e essa batalha não pode ser travada apenas com a nossa força. Precisamos de ajuda celestial, pois a luta pela mulher é algo grande demais para nós.

> Toda a glória seja a Deus que, por seu grandioso poder que atua em nós, é capaz de realizar infinitamente mais do que poderíamos pedir ou imaginar. (Efésios 3:20, NVT)

O segundo motivo de eu lhe haver contado essa história é porque só Deus tem todo o poder. Ele tem poder quando nos vemos impotentes. Quando vemos que estamos com a água pelo pescoço e nos rendemos, ele entra em cena. Eu fui maltratada. John foi maltratado. Estávamos sendo maltratados e feridos. Contudo, Deus tinha um propósito redentor em tudo aquilo. Ele não apenas nos salvou, como também resolveu toda aquela confusão, e o que aprendemos no processo tem sido fonte de ajuda para outras pessoas. Atualmente, existe uma epidemia de hostilidade dentro e fora da igreja, por isso a mensagem do livro *A isca de Satanás*, sobre a libertação da armadilha da hostilidade, é mais relevante do que nunca.

Independentemente de quem somos, a submissão a Deus é o primeiro passo que devemos dar antes de entrar em batalhas

# A disputa pela mulher

espirituais. Nesse assunto, Davi foi um bom exemplo em várias ocasiões. Mesmo sendo um líder experiente e um guerreiro habilidoso, ele buscava a direção de Deus em primeiro lugar.

E ele perguntou ao SENHOR: "Devo perseguir esse bando de invasores? Irei alcançá-los?" E o SENHOR respondeu: "Persiga-os; é certo que você os alcançará e conseguirá libertar os prisioneiros". (1Samuel 30:8)

Se cremos que Deus é a fonte de nossa força e estratégia, por que não buscamos sua direção em primeiro lugar? Provérbios 3:5-6 diz:

Confie no SENHOR de todo o seu coração
e não se apoie em seu próprio entendimento;
reconheça o Senhor em todos os seus caminhos,
e ele endireitará as suas veredas.

Você pode confiar em Deus de todo o seu coração. Sou incapaz de contar quantas vezes já me frustrei ao me apoiar em meu próprio entendimento. O Senhor quer participar de tudo o que fazemos. Não há nada tão pequeno que seja insignificante para ele, e nada tão grande que esteja acima de suas capacidades. Em nossos dias cheios de voltas e reviravoltas, precisamos que o Único capaz de enxergar além da curva nos aponte um caminho reto a seguir. Essa ideia aparece em Tiago 4:6-7, que diz:

"Deus se opõe aos orgulhosos, mas concede graça aos humildes." Portanto, submetam-se a Deus. Resistam ao diabo, e ele fugirá de vocês.

No restante deste capítulo, falarei sobre as estratégias da guerra espiritual que vejo nas Escrituras.

## Fique ligada

Antes mesmo de pensar em entrar em uma batalha espiritual, fique ligada. Ter informações sobre algo ou alguém não é o mesmo que conhecê-lo. Observe isso em Atos 19:

> Alguns judeus que andavam expulsando espíritos malignos tentaram invocar o nome do Senhor Jesus sobre os endemoninhados, dizendo: "Em nome de Jesus, a quem Paulo prega, eu ordeno que saiam!" Os que estavam fazendo isso eram os sete filhos de Ceva, um dos chefes dos sacerdotes dos judeus. Um dia, o espírito maligno lhes respondeu: "Jesus, eu conheço, Paulo, eu sei quem é; mas vocês, quem são?" Então o endemoninhado saltou sobre eles e os dominou, espancando-os com tamanha violência que eles fugiram da casa nus e feridos. (v. 13-16)

Precisamos de filhas que tenham um relacionamento íntimo com Jesus, e não que apenas tenham informações sobre ele. Um único espírito maligno dominou sete homens adultos porque eles sabiam que havia autoridade no nome de Jesus, mas não tinham essa autoridade. Os demônios sabem quem são os filhos de Deus. Quando você creu em Jesus, foi marcada pelo Espírito do Altíssimo. Somente aqueles que estão em Cristo têm autoridade em seu nome.

## Avalie e guarde seu coração

O orgulho é capaz de cegar qualquer pessoa. Lutar no Espírito requer a direção e a graça de Deus. Embora pareça algo contraintuitivo, nossas batalhas espirituais começam com rendição e sempre devem ser motivadas por amor. Sim, porque o amor sempre indica *pelo que* estamos lutando. Por exemplo, eu odeio o adultério porque sou *a favor* da aliança do casamento; portanto, luto para ajudar outras pessoas a construírem casamentos sólidos.

# A disputa pela mulher

Costumo me perguntar: "Estou lutando em favor de algo ou apenas contra algo?". Se estou lutando apenas *contra* alguma coisa, então preciso dar um passo atrás e reavaliar minha motivação, e o resultado dessa avaliação definirá o meu porquê. Se nossa motivação estiver errada, isso comprometerá o desfecho da batalha.

Outra pergunta a ser feita é: "Essa batalha está dentro do meu círculo de controle ou influência?". Se sim, pergunte a Deus qual é a melhor atitude a ser tomada e siga em frente com a mentalidade correta. A ira humana é ótima para nos motivar e péssima para nos controlar. Desse modo, procure utilizar suas emoções e seus sentimentos para fazer o reconhecimento do campo de batalha, pois eles são úteis para localizar o inimigo, mas é o Espírito Santo quem cria o plano de batalha.

> Meus amados irmãos, tenham isto em mente: Sejam todos prontos para ouvir, tardios para falar e tardios para se irar, pois **a ira do homem não produz a justiça de Deus**. (Tiago 1:19-20, grifo da autora)

A ira consome muita energia e não nos leva a um relacionamento correto com Deus e com os outros. Como descendente de sicilianos, sei que ser "tardio para se irar" é algo bem mais fácil de falar do que de fazer. No entanto, o fato de não controlarmos nossa ira é o que tem alimentado muito da divisão e do caos em que vivemos. Em Tiago 1:20 lemos: "A justiça de Deus não brota da ira humana" [tradução livre].

O que estamos fazendo brotar de nossas palavras e ações enfurecidas? Tudo o que consigo prever é uma colheita de ainda mais inquietação e raiva: mulheres com raiva dos homens e com raiva umas das outras. Escrevi aquela carta porque não gostei de ver meu marido sendo atacado, mas joguei-a fora porque estávamos lutando contra algo muito maior do que a minha ira poderia ter resolvido.

O diabo tem prazer em nos incitar a extravasar nossa ira nos lugares errados. Temos o direito de nos irar, mas não o de ser destrutivas. Você tem todo o direito de ficar irritada, mas não de pecar. Então, converse sobre sua frustração com pessoas que poderão ajudá-la a encontrar uma solução. Se não conhecer alguém assim, leve sua ira diretamente àquele que é a resposta, tendo em mente que, quando nos submetemos a Deus, colocamo-nos debaixo de sua proteção e autoridade.

É desanimador ouvir o noticiário falando da insanidade de nossa época. Somando a isso a divisão e o pecado que há dentro da igreja, eu quero gritar. Às vezes, quero pegar o celular e sair descontando minha raiva em todo mundo. Contudo, se eu fizer isso, estarei me tornando parte do problema, não da solução. Portanto, em vez de criticar, devemos convidar umas às outras a viver segundo um padrão mais elevado. Deus ama as pessoas; elas não são o problema, e sim Satanás. Então, largue o celular e seja tardia em falar até que sua ira se acalme.

> DEUS AMA AS PESSOAS; ELAS NÃO SÃO O PROBLEMA.

Houve muitas batalhas que eu tive de lutar mais de uma vez, por ter negligenciado essa lição no começo.

Também precisamos avaliar nosso coração. Os demônios gostam de vê-la dividida, pois sabem que não temos autoridade para confrontar aquilo que aprovamos. No momento em que renunciei à simpatia que eu tinha pelo espírito de Jezabel, todo o envolvimento que eu tinha com ele foi quebrado e obtive sensibilidade para não repetir meu erro. A obediência a Deus nos alinha a ele, e essa é a melhor forma de lutarmos a batalha espiritual.

## Saiba quem é seu inimigo

Contra quem você está lutando? Você pode achar que está brigando com seu marido, achando que ele é insensível, por

# A disputa pela mulher

exemplo. Entretanto, o que realmente acontece é que o inimigo está tentando destruir seu casamento. Quando as discordâncias se tornam acirradas e as discussões sobre qualquer assunto ficam exageradamente acaloradas, costuma haver algo mais por trás delas.

Lembro-me de uma vez em que John me ligou do Sudeste Asiático. Ele estava muito tenso e esgotado, fora de si, e começou a falar comigo de forma grosseira. Nem me lembro do tema da discussão, só sei que ele estava em um ambiente extremamente pesado e opressivo, e eu lhe disse que poderíamos conversar de novo sobre aquele assunto quando ele voltasse de viagem. Ao chegar em casa, John me pediu desculpas por ter sido grosseiro, mas eu respondi que ele não precisava se desculpar, porque eu havia compreendido que ele estava em um ambiente demoníaco, capaz de agravar qualquer coisa.

Outras vezes, simplesmente deparamos com pessoas que precisam de ajuda.

Recentemente, eu estava em um vagão de transporte até o aeroporto quando uma mulher começou a gritar palavrões. Todos olharam para ela e logo desviaram o olhar, mas eu senti que havia algum problema com ela e perguntei: "Você está bem?".

Em meio a outra série de palavrões, ela me contou que estava com medo de perder seu próximo voo. Estava acordada há mais de 34 horas e, em um estado de esgotamento, dirigira-se ao portão errado. Perguntei para onde ela estava indo e descobri que era o mesmo voo que o meu. Tentei acalmá-la dizendo que chegaríamos a tempo. Não sei se ela acreditou no que eu disse. Ao trocarmos de vagão, ela chamou a si mesma de burra. Perguntei qual era sua profissão. Ela era enfermeira aeromédica.

"De burra, você não tem nada", repliquei. "Olhe, meu marido está no portão me esperando. Se conseguir correr comigo, vamos chegar a tempo!" Então, corremos como loucas e pegamos o voo.

Teria sido fácil achar que aquela mulher estava irritada com alguém, mas a pessoa que mais a estava irritando era ela mesma. Às vezes, não se trata de uma influência demoníaca, mas, sim, de pessoas exaustas precisando que alguém corra ao seu lado. Se realmente cremos que somos embaixadoras de Deus em uma missão de resgate para o céu, precisamos parar de lutar contra aqueles que fomos chamados a ajudar. As pessoas raramente são o problema, mas você pode ser a resposta de que elas precisam.

Nossos verdadeiros inimigos são invisíveis e não pertencem a este mundo.

> Pois a nossa luta não é contra seres humanos, mas contra os poderes e autoridades, contra os dominadores deste mundo de trevas, contra as forças espirituais do mal nas regiões celestiais. (Efésios 6:12)

Pare e observe essa lista de Efésios por um instante: poderes, autoridades, dominadores deste mundo de trevas. Forças espirituais do mal nas regiões celestiais. O mal está cada vez mais evidente, porém duvido que já tenhamos deparado com alguma dessas forças. Na verdade, deparamos com as pessoas que essas forças atacam, controlam e usam. O versículo anterior é traduzido por N. T. Wright da seguinte forma:

> Vejam, a guerra na qual estamos envolvidos não é contra carne e sangue. É contra os líderes, contra as autoridades, contra os poderes que governam o mundo nesta época sombria, contra os elementos espirituais da maldade nos lugares celestiais.[1]

Se não estamos lutando contra carne e sangue, então as pessoas não são o problema. As forças espirituais não podem ser enfrentadas humanamente. Elas requerem que o Espírito Santo

## A disputa pela mulher

vá à nossa frente, pois só temos autoridade espiritual quando estamos debaixo de sua autoridade. Não temos poder em nosso nome, e sim na supremacia do nome de Jesus.

## Não seja descuidada com aquilo que é santo

> Não deem o que é sagrado aos cães, nem atirem suas pérolas aos porcos; caso contrário, estes as pisarão e, aqueles, voltando-se contra vocês, os despedaçarão. (Mateus 7:6)

Gosto muito de minha cachorrinha, mas ela não tem a menor ideia do que fazer com algo santo. Da mesma forma, pérolas não combinam com porcos no chiqueiro. Quando somos negligentes com as coisas santas que nos foram confiadas, ficamos expostas a ataques. Mateus 7:6 é uma clara advertência para não misturarmos o santo com o profano. Na vida, há conversas e orações que são santas em um contexto e inapropriadas em outro. Por exemplo: a intimidade sexual entre marido e mulher é santa, mas, se for postada on-line, torna-se pornografia. Em outras palavras, a coisa certa no lugar errado se torna uma coisa errada.

Na última eleição presidencial, várias igrejas transmitiram ao vivo orações fervorosas que, aparentemente, não foram atendidas e profecias que não se mostraram verdadeiras, o que causou uma confusão generalizada e desnecessária. Aquelas orações e profecias deveriam ter sido mantidas em segredo. A versão *A Mensagem* traduz Mateus 7:6 assim:

> Não desrespeitem o sagrado. Gracejos e tolices não agradam a Deus. Não reduzam os santos mistérios a frases de efeito. Na tentativa de sobressair e de agradar, você pode usar esses subterfúgios, mas estará abrindo a porta para o sacrilégio.

Portanto, sejamos cuidadosas e meçamos nossas palavras, lembrando-nos de que nem tudo o que dizemos ou fazemos deve ser espalhado por aí. Não desonremos a Deus nem o privilégio de orar fazendo uso errado, tolo e público dele. Na oração do Pai-Nosso, pedimos ao Senhor que seu reino e sua vontade se manifestem em todas as situações, mas essa oração não determina o que e como Deus deve fazer as coisas. Creio que um meio de evitar esse tipo de irreverência é conhecer e orar sua Palavra.

## Ore a Palavra

Às vezes, nossas circunstâncias nos deixam descontentes e sem saber o que dizer. Pode ser uma discussão não resolvida ou uma longa fase de frustrações e desânimo constante que parece não ter fim. Quando não sabemos o que dizer ao orar, a Bíblia nos dá as palavras. Quando me sinto abatida e frustrada, costumo encontrar conforto no livro de Salmos. Quando preciso de sabedoria, leio Provérbios. Quando preciso de uma dose profética de temor a Deus, procuro o livro de Isaías. Nos Evangelhos, encontro Jesus e vejo de que forma ele interagia com as pessoas. A Palavra de Deus nos comove porque é viva e nos toca profundamente porque tem o poder de criar.

> Bastou o Senhor falar
> e os céus foram criados.
> Ele soprou sua palavra
> e todas as estrelas nasceram. (Salmos 33:6, tradução livre)

Recebemos a bênção das palavras, e a Palavra de Deus é uma espada eterna, invencível e invisível. Quando escrevi meu livro *Mulheres com espadas*, ganhei três espadas de verdade: um machete da Costa Rica, uma adaga da Jordânia e uma espada feminina do Paquistão. Não sei usar nenhuma delas. Contudo, isso não é um problema, porque nossas espadas são faladas e vivas, e sabem o que fazer mesmo quando nós não sabemos.

## A disputa pela mulher

> Pois a palavra de Deus é viva e eficaz, e mais afiada que qualquer espada de dois gumes; ela penetra até o ponto de dividir alma e espírito, juntas e medulas, e julga os pensamentos e as intenções do coração. (Hebreus 4:12)

A oração é o meio que nos conecta com um mundo invisível bem mais real e duradouro do que aquele em que vivemos dia após dia.

> Assim, fixamos os olhos, não naquilo que se vê, mas no que não se vê, pois o que se vê é transitório, mas o que não se vê é eterno. (2Coríntios 4:18)

É com ela que vencemos nossas batalhas, mas primeiro lutamos em oração. Às vezes, nossas orações exigem um pouco mais de nós. Certa vez, dei uma palestra para um grupo de meninas e, ao final, uma delas veio falar comigo. Chamou-me de lado e, sussurrando, contou-me que sofria de transtorno alimentar. Disse que tomou conhecimento de que eu fora liberta dessa mesma condição e me pediu para orar por ela. Abracei-a e orei tudo o que eu sabia orar. Apesar disso, não senti paz. Despedi-me dela com outro abraço e me dirigi a um grupo de meninas que estava esperando para falar comigo. Porém, ao ver aquela menina sair da sala, vi uma sombra indo atrás dela e reconheci que era um espírito maligno. Chamei a menina e ela se virou para mim. "Não dê ouvidos a ele!", gritei.

Ela assentiu com a cabeça, mas eu vi em seu rosto que a jovem já estava conformada com aquela situação. Ela sabia que aquele espírito a estava rondando e que aquela batalha iria continuar. Naquela noite, eu não conseguia pensar em outra coisa além do rosto dela e daquela sombra. Eu não conseguia compreender por que nada havia mudado quando orei por aquela garota. Eu sabia que era a vontade de Deus vê-la caminhar em liberdade, pois, décadas antes, eu mesma havia experimentado essa liberdade. Revirei-me na cama do quarto de hotel durante toda a noite. Então, por volta das duas da madrugada, escutei uma passagem das Escrituras que me trouxe a resposta.

> Mas esse tipo de demônio só pode ser expulso com oração e jejum. (Mateus 17:21, NTLH)

Aquela era a resposta de que eu precisava. Decidi jejuar e orar com aquela adolescente novamente na próxima palestra que eu daria àquele grupo. Dessa vez, quando orei com ela, houve libertação. Eu senti isso e a menina também. Depois desse episódio, continuamos em contato por vários anos, e ela comprovou a fidelidade de Deus: casou-se e teve uma linda família, mesmo tendo ouvido que jamais teria filhos. Tragicamente, esse versículo desapareceu de várias traduções atuais da Bíblia.[*] No entanto, eu creio no poder do jejum.

Quando oramos e obedecemos ao Espírito de Deus, a autoridade de seu reino tem impacto em nossos desafios, pois a Palavra e o Espírito Santo são nossos guias durante todo o tempo. Costumo pensar que seria bom se pudéssemos ter uma videochamada com nosso Pai celestial. Assim, ele poderia nos dizer direta e precisamente o que fazer. Porém, fazemos isso pela fé, o que significa ouvir seu coração, e não suas palavras diretas, o que leva sua Palavra a iluminar o caminho à nossa frente.

## Resolva seus problemas do passado

Eu amava meu pai e, quando era bem pequena, assistia a desenhos assustadores com ele para provar que eu era corajosa.

---

[*]Assim como Mateus 17:21, outros versículos são omitidos em algumas versões da Bíblia porque não aparecem nos principais manuscritos que temos como base para a tradução de hoje. Isso não quer dizer que esses versículos não sejam verdadeiros ou confiáveis; apenas aparecem em menos manuscritos e, consequentemente, em menos versões atuais das Escrituras. (N.T.)

## A disputa pela mulher

Contudo, sempre que um alienígena ou monstro marinho era um pouco mais assustador, eu me escondia atrás de suas costas. Quando me tornei adolescente, passei a assistir a filmes de terror no cinema com meus amigos e namorados. Mesmo com muito medo, eu voltava a vê-los. Em certo Natal, ganhei um tabuleiro Ouija,* que eu jogava com minhas amigas nas festas de pijama. Eu também tinha uma almofada com os signos do zodíaco para elas assinarem quando dormiam na minha casa. Desse modo, práticas ocultistas se infiltraram em minha infância, como se o paranormal fosse normal.

Eu sabia que as trevas e o mal eram reais, mas, só quando me tornei cristã, descobri o poder da luz. Logo no início de minha caminhada cristã, renunciei a todos os acordos que eu fizera com o oculto sem saber, por meio de uma rebeldia descarada, de promiscuidade sexual, de astrologia, de votos profanos e de várias outras coisas que o Espírito Santo trouxe à minha memória. Convido você a fazer o mesmo. É muito lindo entrar na presença do Senhor e colocar tudo diante dele. Não importa qual tenha sido seu passado ou o passado de sua família, você pode ser o início de mil gerações que amam a Deus e guardam seus mandamentos. No final deste capítulo, deixei para você uma oração baseada nas Escrituras para ajudá-la a fazer isso, e encorajo-a a jejuar e tomar a Santa Ceia antes ou depois de fazer essa oração.

## Proteja a atmosfera de sua casa

Para criar uma atmosfera diferente em seu lar, você pode fazer algo simples, como colocar louvores para tocar, ou algo difícil, como tratar os conflitos familiares não resolvidos.

---

*A tábua Ouija (também conhecida no Brasil como brincadeira do copo ou do compasso) é uma sequência de letras em ordem alfabética, numerais e as palavras "sim" ou "não", cujo objetivo é permitir que pessoas se comuniquem com espíritos malignos, fazendo perguntas e obtendo respostas indicadas pelo movimento de algum objeto em direção a uma letra, número ou palavra. (N.T.)

"Quando ficarem irados, não pequem." Não permitam que o sol se ponha enquanto durar a ira de vocês e não deem lugar ao diabo. (Efésios 4:26-27)

Não vá dormir com raiva, pois isso abre portas para o diabo, e você não quer convidá-lo a entrar. Não durma com raiva de seu marido, de seus filhos, de seus amigos, de seus inimigos, de seus chefes e funcionários, nem mesmo com raiva de estranhos nas redes sociais, com quem você nem mesmo é capaz de conversar pessoalmente. Se não conseguir resolver o assunto antes de dormir, deixe-o de lado por um instante e defina uma estratégia e um horário para resolvê-lo depois. John e eu combinamos um horário logo no dia seguinte para discutir nossas questões. Também tenha cuidado com o que você deixa entrar em sua casa pela televisão. Fico chocada ao ver quanto conteúdo demoníaco é veiculado pelos programas de hoje em dia. Monitore o que seus filhos podem acessar on-line; você pode usar estratégias simples, como manter o laptop na cozinha.

## Lembre-se de que haverá perseguições

Amados, não se surpreendam com as provações de fogo ardente pelas quais estão passando, como se algo estranho lhes estivesse acontecendo. (1Pedro 4:12, NVT)

Deus usou provações de várias maneiras para edificar a igreja primitiva. O dragão não estava contente que o evangelho de Jesus Cristo estivesse fora de seu controle, e essas palavras de Pedro falam conosco ainda hoje. Prepare-se para provações de fogo um pouco mais intensas do que os ataques pelas redes sociais. Pedro nos adverte sobre o fato de que vamos passar por situações difíceis! Você será provada quando decidir lutar

## A disputa pela mulher

por tudo aquilo que significa ser mulher, ou seja, ser sábia, bondosa, edificante, santa, maternal, estratégica e protetora. Haverá resistência quando você fizer afirmações corajosas de arrependimento e compromisso com Cristo, e não se deixar moldar por sua cultura. Em Mateus 10:16, Jesus alertou seus discípulos sobre o mundo no qual estariam servindo a ele:

> Eu os estou enviando como ovelhas no meio de lobos. Portanto, sejam astutos como as serpentes e sem malícia como as pombas.

Ovelhas não são animais muito inteligentes. Elas precisam da proteção de um pastor. À primeira vista, isso parece um tanto contraditório em relação às palavras de 1Pedro, que nos garantem que passaremos por provações. Como é possível sermos ovelhas que seguem seu pastor e, ainda assim, experimentarmos provações? Isso acontece porque nosso Pastor nunca nos prometeu que não teríamos provações, mas, sim, que nunca passaríamos por elas sozinhas.

A passagem de Mateus 10:16 também nos motiva a ser sábias e astutas como as serpentes, e inocentes e sem malícia como as pombas. Serpentes são ardilosas e traiçoeiras. Já que elas não têm braços nem pernas, precisam se virar com o que têm. Assim, as serpentes escolhem bem o lugar em que ficarão esperando para emboscar suas vítimas distraídas.

Pombas são símbolos universais de paz e reconciliação, e também representam perdão e liberdade. Unindo essas duas figuras – a serpente e a pomba –, concluímos que devemos ser sábias e conscientes de que estamos em território hostil e, ao mesmo tempo, ser dóceis e guiadas pelo Espírito.

---

▶ Existe alguma situação de sua vida que você está tentando controlar, e que precisa ser depositada aos pés de Jesus?

LUTANDO NO MUNDO ESPIRITUAL

- Há alguém com quem você está tentando lidar com suas próprias forças, mas que deveria entregar ao Senhor?
- Pergunte ao Espírito Santo se há algo com que você se envolveu ou fez acordos sem saber, e a que precisa renunciar.
- Cite algo que você pode fazer para lutar no Espírito, e não com sua própria força.

### Oração para renunciar a acordos com o mal

*Querido Pai celestial,*
*Venho a ti em nome de teu precioso Filho, Jesus. Entro por tuas portas com ações de graças e em teus átrios com hinos de louvor (Salmos 100:4). Estou maravilhada com tua graça, tua misericórdia e teu amor por mim, e te agradeço pela poderosa obra de redenção que fizeste em minha vida.*

*Espírito Santo, preciso de ti. Dirige-me e guia-me neste momento. Jesus, tu és meu Senhor. Pai celeste, tu és o Deus dos céus e da terra, o Deus grande e temível, fiel à aliança e misericordioso com os que te amam e obedecem aos teus mandamentos. Que os teus ouvidos estejam atentos à oração de tua filha! (Neemias 1:5-6)*

*Confesso os meus pecados e os pecados de minha família, toda a transgressão que cometemos contra ti. Perdoa-nos por toda e qualquer ação perversa para contigo. Tu, Senhor, nosso Deus, és misericordioso e perdoador, e nos enviaste teu Filho, apesar de nossa rebeldia contra ti. Pedimos a ti que circuncides nosso coração e afastes o pecado, a vergonha e a reprovação do nosso passado.*

*Confesso e renuncio aos meus pecados e aos pecados de meus antepassados, a todo e qualquer envolvimento com o oculto, com a feitiçaria e a adivinhação. [Pare, preste atenção e acrescente tudo o que o Espírito Santo trouxer à sua mente a que você deve renunciar especificamente antes de continuar. Podem ser coisas*

# A disputa pela mulher

*como astrologia, sessões espíritas, filmes de terror, tarô, jogos, livros, entre outras.] Renuncio a meu envolvimento com essas coisas e quebro a maldição delas em minha vida e na vida das gerações que vierem depois de mim.*

*Confesso e renuncio aos meus pecados e aos pecados de meus antepassados na área de alcoolismo e uso de drogas. Pai, fecha toda porta que isso possa ter aberto no mundo espiritual para o pecado, a escravidão e a opressão entrarem em minha vida. Renuncio a meu envolvimento com _____ [diga especificamente o nome das drogas, se for o caso] e quebro o poder de sua maldição na minha vida e na vida de meus filhos, netos e descendentes.*

*Pai, confesso e renuncio aos meus pecados e aos pecados de meus antepassados em todo e qualquer envolvimento com pecados sexuais, impureza, perversidade, incesto e promiscuidade. [Seja sensível aqui para citar especificamente o nome dos pecados aos quais você está renunciando. Diga-os sem vergonha e em voz alta perante o Senhor, pois não há nada oculto aos olhos dele. Ele já conhece cada um desses pecados e anseia por remover de você o peso da culpa e da vergonha por causa deles. Em seguida, quando estiver pronta, continue.]*

*Pai, tomo a espada do teu Espírito e corto toda ligação sexual perversa entre minha alma e a de _____. [Ouça o Espírito Santo e diga em voz alta cada nome que ouvir. É bem possível que haja nomes até mesmo de pessoas com quem você não teve relações sexuais, mas com as quais esteve envolvida sexual ou emocionalmente de uma forma que deveria ser reservada apenas ao seu marido e ao seu Salvador. Após falar cada nome individualmente, prossiga.]*

*Pai, pelo teu Espírito, ajunta os pedaços de minha alma que ficaram com esses homens [ou mulheres], a fim de que eu esteja inteira, santa e separada para o teu agrado.*

*Pai, renuncio ao apego a toda imagem pervertida e promíscua que possa ter entrado em minha vida por meio de pornografia* escrita, visual ou de outros tipos. Perdoa-me por permitir essas imagens vis e perversas diante de meus olhos. Conforme Salmos 101:3, faço a aliança de guardar meu coração ao guardar a porta dos meus olhos. Não me permitirei ficar olhando nenhum mal. Renuncio a todo espírito imundo, e ordeno que eles e sua influência saiam da minha vida.

Pai, lava-me no sangue purificador de Jesus, porque só ele tem o poder de remover e perdoar pecados. Consagro-me agora como templo do Senhor. Pelo poder de teu Espírito Santo, remove do meu corpo toda contaminação de espírito, alma e carne. Enche-me com a habitação de teu Espírito Santo a ponto de transbordar. Abre meus olhos para ver, meus ouvidos para ouvir e meu coração para receber tudo o que tens para mim. Sou tua. Reina em minha vida. Amém.

# 5. LUTANDO PELAS FUTURAS GERAÇÕES

*Pois o Filho do homem veio buscar e*
*salvar o que estava perdido.*

(Lucas 19:10)

Nosso Salvador anseia por restaurar a visão que nossa geração perdeu. Sem uma visão e um caminho bem definidos pela frente, ficaremos perdidas. O inimigo quer vendar os olhos de nossos filhos com mentiras, a fim de privá-los da esperança divina. Sem essa esperança, o desânimo domina nossos pensamentos e o medo sai de controle. O medo quer impedir muitas coisas em sua vida; não permita que isso aconteça. Provérbios 29:18 nos diz: "Onde não há visão profética, o povo lança fora suas restrições" [tradução livre].

Felizmente, Deus tem uma visão profética para todas as gerações:

> Nos últimos dias, diz Deus,
> derramarei do meu Espírito
> sobre todos os povos.
> Os seus filhos e as suas filhas profetizarão,
> os jovens terão visões,
> os velhos terão sonhos.

# A disputa pela mulher

> Sobre os meus servos
> e as minhas servas
> derramarei do meu Espírito
> naqueles dias,
> e eles profetizarão. (Atos 2:17-18)

A questão é: será que estamos nos últimos dias? Atos 2:17 começa com a expressão "nos últimos dias", no plural. Ao estudar as Escrituras, logo descobrimos que Deus conta os dias de maneira bem diferente da nossa. Lemos em 2Pedro 3:8 o seguinte:

> Não se esqueçam disto, amados: para o Senhor um dia é como mil anos, e mil anos como um dia.

Pensando assim, a expressão "últimos dias" pode significar pelo menos dois mil anos. De qualquer forma, é tempo de proclamarmos aquilo que Deus vê, e o que ele vê é seu Espírito sendo derramado sobre nossos filhos e nossas filhas, sobre velhos e sobre jovens. Nosso Pai enxerga uma geração pregando o arrependimento e o reino vindouro. Deus vê um renovar de sonhos e visões para seus servos. Não obstante, em vez de unirmos nossa voz à sua Palavra, temos permitido que palavras duras sejam proferidas contra a geração presente e também contra as futuras gerações.

**É TEMPO DE PROCLAMARMOS AQUILO QUE DEUS VÊ.**

Precisamos ter o cuidado de não presumir que o modo que estamos hoje é como ficaremos para sempre. Creio que estamos na divisa entre como as coisas estão e como Deus quer que elas estejam, pois tudo muda quando a Palavra de Deus é profetizada sobre uma geração. A passagem de 2Timóteo 4:2-3 nos exorta sobre a importância da Palavra:

> Pregue a palavra, esteja preparado a tempo e fora de tempo, repreenda, corrija, exorte com toda a paciência e doutrina.

Pois virá o tempo em que não suportarão a sã doutrina; ao contrário, sentindo coceira nos ouvidos, juntarão mestres para si mesmos, segundo os seus próprios desejos.

A Palavra de Deus é viva e edificante, e tem o poder de combater toda palavra destrutiva proferida pelo inimigo e até mesmo por cristãos bem-intencionados. A Palavra transformadora de Deus é capaz de renovar a mente das pessoas e resgatar o que se perdeu, tornando novas todas as coisas. Você não precisa se aconselhar com estranhos na internet; o Espírito Santo já prometeu ser seu Conselheiro. Além disso, terapias têm o poder de quebrar maus padrões de comportamento, ao passo que o Espírito Santo tem o poder de transformar vidas.

Abra sua Bíblia, peça que o Espírito fale com você, e não fique surpresa quando ele fizer isso durante a leitura. Pare por um instante e tente ouvir sua voz baixa e tranquila a sussurrar uma sabedoria e um discernimento que você jamais poderia obter sozinha. As palavras do profeta Isaías continuam sendo um convite a todas nós:

> Venham, vamos refletir juntos,
> diz o SENHOR.
> Embora os seus pecados
>   sejam vermelhos como escarlate,
> eles se tornarão brancos como a neve;
> embora sejam rubros como púrpura,
>   como a lã se tornarão. (Isaías 1:18)

E o que o Senhor pede de nós em troca disso? Tudo que ele deseja é que estejamos "dispostas a obedecer" (v. 19). Deus não exige de nós perfeição; já provamos que somos incapazes disso. Ele quer que sejamos bem-dispostas e obedientes, não teimosas e desobedientes. Esse é um pedido justo, e essa é uma conversa à qual ele convida todas nós. O Senhor troca nosso pecado e

## A disputa pela mulher

nossa iniquidade por sua justiça. Não precisamos mais dar desculpas para nossos erros nem culpar outras pessoas. Basta admitir que o que fizemos é pecado e colocá-lo nas mãos do Único que transforma um vermelho gritante em um branco reluzente. Jesus deseja curar aquilo que a vida destruiu, consertar o que quebrou e lavar aquilo que ela manchou.

As pessoas vão desapontar você, não porque querem, mas porque são humanas. Deus, não. Não as confunda com ele; do contrário, você acabará buscando nos lugares errados aquilo que só o Senhor oferece. A busca por cada vez mais coisas, por outros lugares e outros caminhos, por outros gêneros, por outro marido ou esposa, outro namorado ou namorada, não satisfará ao seu anseio, pois Deus é sua fonte.

## Uma geração de guerreiras

Se outras pessoas chamam você de vítima, não acredite nelas, pois essa é uma estratégia do inimigo para mantê-la fraca e contida. Você não precisa de desculpas, pois não é uma vítima, mas, sim, uma ameaça. Esse é um dos muitos motivos pelos quais o inimigo tem feito hora extra para confundir uma geração de guerreiras usando meias-verdades. É evidente que há algo em você que o inimigo está desesperado para destruir, por isso o dragão infesta nossa geração com imagens pervertidas, violentas e desesperadoras. Ele quer que você seja controlada pelo medo, pela raiva e pela cobiça, pois sabe que o Senhor a chamou para algo maior e quer separá-la para si mesmo.

Não desperdice nem mais um minuto sequer com aqueles que a menosprezam. É hora de falar sério e lembrar que há muito mais pessoas torcendo por você do que zombando e escarnecendo de sua vida. Hebreus 12:1 nos diz:

> Portanto, também nós, uma vez que estamos rodeados por tão
> grande nuvem de testemunhas, livremo-nos de tudo o que nos

LUTANDO PELAS FUTURAS GERAÇÕES

atrapalha e do pecado que nos envolve, e corramos com perseverança a corrida que nos é proposta.

Você foi feita para essa corrida, para essa época. Entretanto, não será capaz de correr se estiver carregando fardos e pecados. Não tenha medo; é hora de deixar para trás seus hábitos pecaminosos e os resquícios de seus traumas, pois eles só a impedirão de seguir em frente e a privarão da vida que deseja ter. Em vez disso, disponha-se a dar alguns passos adiante, tendo em mente que, ao fazer isso, Deus lhe revelará o caminho a seguir. Ele quer falar com você e por meio de você, e, além de curá-la, quer curar outros por seu intermédio. Deus quer libertá-la para que outros sejam libertos mediante seu testemunho. Qualquer área de nossa vida que seja importante para nós é importante para ele. Você foi machucada por alguma amiga? Traga isso a ele. Foi ridicularizada por causa de sua crença? Traga isso a ele. Está duvidando de seu propósito? Traga isso a ele.

Você se reconecta com seu Criador quando desenvolve sensibilidade à sua voz. É bem provável que isso envolva desligar seu computador e seu celular, pois interrupções e distrações impedirão que você seja atraída pelo Senhor e avance com liberdade. Quando viaja pelas estradas da internet por muito tempo, você corre o risco de esquecer como é sentir o chão com seus próprios pés. Não há exagero em afirmar a importância de se distanciar do mundo para passar um tempo com seu Criador, principalmente porque descobrimos quem somos quando estamos na presença de Deus, e não na presença de outras pessoas. Dito de outro modo, é buscando o Senhor que descobrimos nossa plenitude, pois, quando buscamos conhecê-lo, ele revela quem *nós* somos.

Os jovens das novas gerações estão lutando uma batalha dentro de si mesmos – batalha que a cultura está tentando vencer do lado de fora. Eles têm um descontentamento divino a que a religião não satisfaz, e a resposta que buscam não se encontra

## A disputa pela mulher

em fazer mudanças, nem mesmo em desfazê-las. Essa resposta é mais profunda do que um bisturi de cirurgião é capaz de alcançar e mais complexa do que uma indústria farmacêutica é capaz de inventar. Esses jovens não vão descansar até experimentar uma transformação, e Jesus é nosso único caminho para a transformação.

Em todos os sentidos, Cristo se identifica com nossas fraquezas e lutas.

Jesus também entende a dor do racismo, do preconceito e da perseguição, pois ele foi vítima de tudo isso. Ele cresceu debaixo da opressão do Império Romano e, mesmo assim, foi capaz de estabelecer um reino que jamais terá fim. Como descendente da tribo de Judá, ele viu o início dos horrores do antissemitismo.

Até hoje, vemos sinais desse ódio aos judeus, os quais constantemente têm sido perseguidos, privados de suas terras e escravizados, a começar pelo Egito, depois pela Babilônia, por Roma e pelas Cruzadas. Eles foram dispersos novamente e enfrentaram perseguições, perdas e mortes na época de Hitler e Stalin. Suas cinzas estão espalhadas por boa parte do Leste Europeu e, infelizmente, eles têm sido atacados até mesmo em sua terra natal, Israel, e também em nosso país.

Isaías 53:3 nos conta que Jesus:

> Foi desprezado e rejeitado pelos homens,
> um homem de dores
>> e experimentado no sofrimento.
> Como alguém de quem
>> os homens escondem o rosto,
>> foi desprezado,
> e nós não o tínhamos em estima.

Jesus foi rejeitado pelas próprias pessoas a quem veio salvar.

Veio para o que era seu, mas os seus não o receberam. (João 1:11)

Ele entende a dor da rejeição de um jeito que eu jamais entenderei. Enquanto escrevo este livro, enfrento lutas. O que espero que minhas palavras façam? As palavras que me vêm à mente são restauração, redenção, revelação e resgate. Quero que as mulheres se lembrem de quem são e recuperem seu coração e sua mentalidade materna. Esta geração está pronta para o avivamento. No entanto, se o dragão tiver a oportunidade, porá fim ao nosso legado.

De acordo com projeções recentes, até o final deste século, dos 195 países que existem no mundo, espera-se que 183 deles (94%) não tenham nascimentos suficientes para manter a população atual.[1] Pesquisas preveem que a geração Y (1980–1995) e a geração Z (1996–2010) não terão filhos o bastante para manter a população dos Estados Unidos.[2]

A redução populacional é uma ameaça, não uma solução, e o inimigo de nossa alma sabe que a desvalorização dos filhos e a destruição da família desestruturam a cultura, corrompendo o governo e os sistemas educacionais.

> É O AMOR DE DEUS, E NÃO A RELIGIÃO, QUE TRAZ OS REJEITADOS E OS FERIDOS À SANTIDADE E À PLENITUDE.

Mesmo em meio a essa confusão, o Senhor está resgatando e despertando gerações. Deus ama a comunidade LGBTQ+, e não há nada que eles possam fazer ou se tornar que os ponha fora do alcance divino e de seu amor. Desse modo, que não sejamos nós a obstruir a entrada deles no reino de Deus!

O Senhor deseja alcançar e restaurar as pessoas. É seu amor, e não a religião, que traz os rejeitados e os feridos à santidade e à plenitude. Deus ama suas filhas que foram enganadas, despidas de sua forma feminina e lançadas em uma falsa identidade. Ele as chama pelo nome. Todas nós temos buscado as coisas certas nas pessoas, nas ideologias e nos lugares errados. As igrejas e os pastores nos decepcionaram. As Escrituras foram abusadas

## A disputa pela mulher

e distorcidas para proteger uns e condenar outros, e pessoas foram agredidas precisamente por aqueles que estavam encarregados de resguardá-las. Em nossa busca pela verdade, o inimigo nos tem contado mentiras, mas Jesus e nosso Pai jamais fizeram isso. Veja em Lucas 14 como Deus enche sua casa:

> Jesus respondeu: "Certo homem estava preparando um grande banquete e convidou muitas pessoas. Na hora de começar, enviou seu servo para dizer aos que haviam sido convidados: 'Venham, pois tudo já está pronto'. Mas eles começaram, um por um, a apresentar desculpas. O primeiro disse: 'Acabei de comprar uma propriedade e preciso ir vê-la. Por favor, desculpe-me'. Outro disse: 'Acabei de comprar cinco juntas de bois e estou indo experimentá-las. Por favor, desculpe-me'. Ainda outro disse: 'Acabo de me casar, por isso não posso ir'. O servo voltou e relatou isso ao seu senhor. Então o dono da casa irou-se e ordenou ao seu servo: 'Vá rapidamente para as ruas e os becos da cidade e traga os pobres, os aleijados, os cegos e os mancos'. Disse o servo: 'O que o senhor ordenou foi feito, e ainda há lugar'. Então o senhor disse ao servo: 'Vá pelos caminhos e valados e obrigue-os a entrar, para que a minha casa fique cheia. Eu digo a vocês: Nenhum daqueles que foram convidados provará do meu banquete'". (v. 16-24)

Deus tem filhas amadas que esperam ser encontradas. Muitas delas hoje vivem "pelos caminhos" (internet), buscando-o desesperadamente, ou são pessoas que estão nas "valas" da vida (deslocadas), e Deus nos manda sair para os lugares nos quais elas se encontram, obrigando-as a entrar em sua casa para o banquete.

Fomos amadas antes mesmo de nossa primeira respiração, e muitas outras mulheres também. Elas foram amadas quando o inimigo distorcia a obra de Deus nelas, tentando roubar ou sexualizar sua identidade. Foram amadas quando tentaram encontrar amizade, amor e aceitação na internet ou na escola. Foram amadas quando tentaram encontrar cura nos braços de mais um homem ou de mais uma mulher. Foram amadas quando tentaram viver como homens. Assim como nós, elas são amadas, mas estão perdidas até descobrirem o amor do Pai. Quando isso acontecer, essa geração receberá poder para viver sua identidade de filhas do Deus Altíssimo.

Neste exato instante, o Senhor da seara nos manda amá-las dessa mesma forma, e é bom fazermos isso o mais rápido possível, pois se trata de algo urgente. Não esqueçamos: "Nós amamos porque ele nos amou primeiro" (1João 4:19).

Não deixe que essa ideia de amar outras pessoas intimide você.

- Você não precisa vencer debates para amar as pessoas.
- Você não precisa concordar com elas para amá-las.
- Você não precisa ser como elas para amá-las.
- Elas não precisam mudar para serem amadas por você; é o amor de Deus que muda todas as coisas.
- Deus nos amou em meio a nosso pecado.
- Amar não é aprovar o pecado; o amor é a escapatória do pecado.
- Quando amamos a Deus, odiamos aquilo que ele odeia e amamos aquilo que ele ama. E o que o Senhor ama são as pessoas. Ele ama os perdidos, mas odeia a morte e a destruição de seus filhos. Deus *é* amor.
- Debates não terão sucesso, mas o amor jamais falhará.
- Programações sociais falharão, mas o amor, nunca.
- Políticos nos frustrarão, mas o amor, não.
- As pessoas podem nos decepcionar, porém o amor nunca nos desapontará.

Receio que tenhamos ficado tão divididas em nossas opiniões e ambições que nos esquecemos do que realmente

# A disputa pela mulher

importa. Continuamos convidando os sãos e os ocupados para a mesa, quando o que Deus nos manda fazer é ir atrás dos feridos. Será que estamos perdendo tempo em debates com pessoas que pensam já ter todas as respostas, e deixando de conversar com aquelas que desejam conhecer aquele que é a resposta? Por isso, é importante termos bem claro que intrigas nas redes sociais não trazem pessoas a Cristo e que comprometer a mensagem da cruz não liberta os cativos.

Tomara que aprendamos isso, tomara que eu aprenda isso. Jesus quer que deixemos para trás nossas religiões ocupadas e procuremos aqueles que se sentem deslocados. Isso acontece quando lhes contamos como Cristo tomou sobre si o insuportável peso de nosso pecado e de nossa vergonha. Pare de fingir e comece a dar testemunho de sua graça salvadora, pois é assim que exaltamos o nome de Jesus, sabendo que aquele que nos resgatou também os resgatará. Será que acreditamos que Jesus deseja se revelar aos feridos e aos hostis?

Há pouco tempo houve avivamentos em algumas universidades dos Estados Unidos, e um deles começou quando os alunos confessaram seus pecados, adoraram e testemunharam. Fiquei maravilhada ao ver esse derramamento do Espírito de Deus em nossas faculdades, mas, quase imediatamente, alguns críticos questionaram a teologia do avivamento. Minha opinião sobre isso é que certas coisas podem ser puras e orquestradas pelo Espírito de Deus, mesmo quando não são perfeitas. Cuidado com as críticas. É perigoso atacar aquilo que, apesar de imperfeito, é puro. Ultimamente, ando cansada de coisas que são perfeitas na forma, mas impuras na motivação. Quero dizer o seguinte às filhas de Deus que estão cansadas de ver *lugares e padrões* de adoração, mas desejam abraçar a *presença e o espírito* de adoração: Jesus entende vocês.

> Mas chegará o momento – e na verdade, já chegou – em que não importará como vocês são chamados ou onde irão adorar.

LUTANDO PELAS FUTURAS GERAÇÕES

O que conta para Deus é quem você é e como vive. Seu culto deve envolver o seu espírito na busca da verdade. Este é o tipo de gente que o Pai está procurando: aquele que é simples e honesto na presença dele, em seu culto. (João 4:23, *A Mensagem*)

A adoração deve ser guiada pelo Espírito e estar focada naquele que é a verdade, pois somente ele satisfaz às suas filhas sedentas e solitárias, que estão cansadas de tirar água suja dos poços enlameados do legalismo e dos poços contaminados pelo pecado e a vergonha. Filhas lindas, ousem sonhar e deixar para trás seu pesar, sua frustração e seu remorso, sabendo que a ira e a vingança jamais saciarão nossa sede; na verdade, só nos deixarão desiludidas, frustradas e desesperadas por algo mais. Enquanto as gerações vagarem pelo deserto do desapontamento e da desconstrução, a religião não dará satisfação à sua alma, porém, nesse mesmo deserto, elas poderão encontrar a Rocha da qual brota água.

Jesus é o Templo que foi destruído e reconstruído, como diz Marcos 14:58: "Nós o ouvimos dizer: 'Destruirei este templo feito por mãos humanas e em três dias construirei outro, não feito por mãos de homens'".

Nossa geração busca templos construídos com corações, não com mãos, e não ficará satisfeita com formas religiosas vazias do Espírito Santo. O corpo de Cristo foi partido para que pudéssemos nos tornar um só corpo com ele. Jesus pagou um alto preço para nos resgatar, mas às vezes temo que tenhamos esquecido tudo que sua morte comprou.

Acaso não sabem que o corpo de vocês é santuário do Espírito Santo que habita em vocês, que lhes foi dado por Deus, e que **vocês não são de vocês mesmos?** Vocês foram comprados por alto preço. **Portanto, glorifiquem a Deus com o seu próprio corpo.** (1Coríntios 6:19-20, grifo da autora)

## A disputa pela mulher

Se fomos compradas, nossa vida não nos pertence. Pouco é dito sobre honrarmos a Deus com nosso corpo, e uma das formas de nosso corpo feminino glorificar a Deus é por meio de nossa capacidade de gerar vida. As mulheres foram feitas de modo singular como guerreiras a favor da vida, e seja por nascimento, seja por adoção, a maternidade é um campo de guerra. Além disso, também há mulheres como Madre Teresa, que, mesmo não sendo mães, defendem a vida de outras maneiras. Leia o que ela disse perante a Suprema Corte dos Estados Unidos, em 1994:

> Os Estados Unidos não precisam das minhas palavras para enxergar que a decisão de vocês no caso "Roe *versus* Wade"* desfigurou uma grande nação. O chamado "direito ao aborto" colocou mães contra seus filhos, e mulheres contra homens, semeando a violência e a discórdia no coração dos relacionamentos humanos mais íntimos que existem. O direito ao aborto tem agravado a redução do papel do homem em uma sociedade com cada vez menos pais. Esse direito também tem retratado a maior das dádivas – um filho – como um competidor, um intruso e uma inconveniência. Nominalmente, esse direito concordou com o domínio irrestrito das mães sobre as vidas fisicamente dependentes de seus filhos e filhas. E, ao lhes dar esse poder inescrupuloso, o direito ao aborto expôs muitas mulheres às exigências injustas e egoístas de seus maridos e parceiros sexuais.[3]

Há misericórdia para o nosso passado, mas precisa haver um caminho para a frente; caso contrário, perderemos as futuras gerações. Honremos a Deus com nosso corpo e valorizemos

---

*O caso "Roe *versus* Wade" (1970) foi um litígio judicial entre Jane Roe, que alegou que sua gravidez era fruto de estupro, e Henry Wade, fiscal representante do Texas, estado contrário à legalização do aborto. A Suprema Corte dos Estados Unidos decidiu a favor de Jane Roe e da liberdade de mulheres grávidas realizarem aborto sem restrições governamentais, revogando várias leis federais existentes até então, o que levou a um debate nacional sobre o tema. (N.T.)

as crianças como Deus as valoriza. Os filhos são um presente que o aborto destrói. Quando os filhos não são desejados, protegidos e cuidados, a humanidade se volta para a autossatisfação, em vez de zelar pelo legado que está sendo deixado para as outras gerações.

Não temos o direito de desfazer o que Deus faz. O casamento é o precursor da família e, embora seja uma instituição falha, pois envolve duas pessoas falhas, continua sendo a união mais saudável e produtiva para se criarem filhos. Deus abençoa e abençoará os pais solteiros que tentam criar seus filhos sozinhos (ele é e sempre será o Pai dos órfãos), porém nossa melhor opção é formar famílias saudáveis que trabalham juntas para construir legados que honrem a Deus.

Veja como nosso Senhor se refere ao que acontece quando um homem e uma mulher se unem em casamento:

> Não foi o SENHOR que os fez um só? Em corpo e em espírito eles lhe pertencem. E por que um só? Porque ele desejava uma descendência consagrada. Portanto, tenham cuidado: Ninguém seja infiel à mulher da sua mocidade. (Malaquias 2:15)

O casamento é um sacramento que envolve o Espírito de Deus. Por intermédio desse sacramento, ele entrelaça dois em um. O ataque que nossa cultura tem feito contra o casamento é de natureza espiritual e física. A versão *A Mensagem* explica o propósito e o envolvimento de Deus no casamento do seguinte modo:

> Foi o Eterno que fez o casamento, não você. Seu Espírito permeia até os menores detalhes dessa união. E o que ele espera do casamento? Ora, filhos de Deus. Portanto, guarde o espírito do casamento dentro de você. Não traia sua esposa. (Malaquias 2:15)

Nosso Pai é o Deus das muitas gerações: ele é o Deus de Abraão, Isaque e Jacó. Pense nisto: a semente do neto de Abraão,

## A disputa pela mulher

Jacó, já estava em seu corpo desde a época em que ele esperava seu filho Isaque pela fé. Deus escolheu Abrão (cujo nome depois foi ampliado para Abraão) como nosso pai da fé mesmo quando ele ainda nem tinha o filho da promessa.

> Pois eu o escolhi, para que ordene aos seus filhos e aos seus descendentes que se conservem no caminho do Senhor, fazendo o que é justo e direito, para que o Senhor faça vir a Abraão o que lhe prometeu. (Gênesis 18:19)

Incluo aqui a tradução desse versículo pela versão *A Mensagem*, para nos trazer maior esclarecimento:

> Eu o escolhi para que ele ensine seus filhos e sua futura família a andar nos caminhos do Eterno, a serem bons, generosos e justos, para que o Eterno possa cumprir o que prometeu a ele.

Quando o povo de Deus esperava sua libertação do Egito e depois a vinda de seu rei Jesus, houve generocídios masculinos, ou seja, seus inimigos tentaram matar todos os meninos israelitas. Quando Deus escolheu Israel como seu povo, não demorou muito para o inimigo se mobilizar contra eles. Primeiro, foi faraó quem ordenou o massacre dos bebês hebreus meninos durante a escravidão no Egito, porém Moisés escapou. Depois, os bebês meninos foram ameaçados novamente no Império Romano, no reinado de Herodes, que ordenou a matança de todos os menores de dois anos na região de Belém. As Escrituras descrevem a agonia daquelas mães:

> Ouviu-se uma voz em Ramá,
> choro e grande lamentação;
> É Raquel que chora por seus filhos
> e recusa ser consolada, porque já não existem. (Mateus 2:18)

LUTANDO PELAS FUTURAS GERAÇÕES

No século passado, testemunhamos as atrocidades do Holocausto, de duas guerras mundiais e de 73 milhões de vidas inocentes ceifadas globalmente pelo aborto *a cada ano*,[4] bem como um século marcado por genocídios. Hoje, vemos o generocídio novamente, mas dessa vez atacando bebês meninas. A diminuição da população feminina é estimada em duzentos milhões, em decorrência, principalmente, da seleção feita por pais que desejam apenas ter filhos homens.[5] Quando vemos esse tipo de ataque focado nas mulheres, devemos nos perguntar qual a razão disso.

## O que nosso inimigo sabe?

O que eu disse no primeiro capítulo merece ser repetido: creio que o foco do inimigo se voltou para as mulheres porque Jesus está voltando para sua noiva, a igreja. Satanás quer eliminar as mulheres e enfraquecer todo o conceito de casamento, e já tem obtido sucesso em distorcer o conceito de uma noiva pura que espera por seu noivo. Agora, ele quer que pensemos no casamento como um obstáculo, não como um catalisador de crescimento. O casamento promove a responsabilidade e o amor incondicional, confrontando o egoísmo dentro de nós de uma forma que nenhum outro relacionamento é capaz de fazer. Para nossa infelicidade, as taxas decrescentes de casamento se traduzem no crescimento da imaturidade cultural e no declínio da taxa de natalidade.

Conforme um relatório recente do Pew Research Center, 25% da geração Y chegará aos quarenta anos sem se casar.[6] Há várias razões para essa tendência: dívidas relacionadas a empréstimos para financiamento estudantil, busca de independência financeira, priorização da carreira em detrimento da família, falta de moradia a um custo acessível, medo do divórcio e pouco interesse no casamento e na criação de filhos. Outro motivo para a redução do número de jovens casados na

**A disputa pela mulher**

geração Y é que o sexo está facilmente disponível fora do casamento. Assim, em vez de se comprometer com o trabalho de construir uma vida íntima e uma família com uma única pessoa, um grande número de indivíduos dessa geração escolhe continuar solteiro e ter sexo com vários parceiros.

Ao longo da minha vida, a intimidade sexual entrou em uma espiral descendente. A revolução sexual dos anos 1960 e 1970 foi promovida por "uma improvável aliança de cientistas, feministas, hippies e ativistas dos direitos gays, os quais acreditavam ter chegado uma era de sexualidade mais livre e progressista".[7] Essa aliança se formou para facilitar o acesso à contracepção e ao aborto, inovações que aumentaram a possibilidade de haver relações sexuais fora do casamento, levando a um número crescente de divórcios. O aumento da promiscuidade gerou um pico de infecções sexualmente transmissíveis.[8] Nos anos 1980, entrou em cena o vírus HIV, causador da AIDS, o que, por um breve período, fez com que o pânico reduzisse o número de parceiros e práticas sexuais com que as pessoas estavam dispostas a se engajar. Contudo, após algum tempo, esse medo diminuiu, mesmo com as enfermidades relacionadas ao HIV/AIDS continuando a ceifar cerca de seiscentas mil vidas por ano, estimando-se também 39 milhões de pessoas convivendo com o HIV.[9] As relações homossexuais e bissexuais se tornaram convencionais e depois sancionadas com a legalização do casamento entre pessoas do mesmo sexo nos Estados Unidos, em 2015. Quando a pornografia deixou de ser apenas impressa e chegou à internet, o acesso e o vício aumentaram exponencialmente, afetando milhões de pessoas em todo o mundo. Os homens são 543% mais propensos do que as mulheres a consumir pornografia, e cerca de duzentos mil americanos são considerados viciados nessa prática. Nos Estados Unidos, quarenta milhões de adultos visitam regularmente sites de pornografia, e 35% de todos os *downloads* estão associados a conteúdo pornográfico.[10]

LUTANDO PELAS FUTURAS GERAÇÕES

Como se não bastasse, os pedófilos estão no processo de ser renomeados como MAPs (*minor-attracted people*, isto é, pessoas com atração por menores),[11] e um professor de bioética da Universidade de Princeton endossou um estudo normalizando a bestialidade (sexo humano com animais) e lhe dando o novo nome de zoofilia.[12]

A sexualização de nossa juventude evoluiu a uma velocidade alarmante. Hoje, temos epidemia de sexo e fome de intimidade. O ato de "fazer amor" – que há tempos era considerado sagrado, tendo o poder de gerar vida e unir duas pessoas em uma aliança de casamento – se transformou apenas em "sexo", e depois em um direito de gratificação individual, em vez de um prazer e uma intimidade mútua.

Nossa queda livre moral superou as terríveis previsões do livro *Admirável mundo novo*, de Aldous Huxley, que descreve um lugar sem família, sem monogamia e sem autonomia do corpo, um mundo no qual as crianças eram geradas em laboratórios (tecnologia prevista para daqui a cinco anos)[13] e todos faziam uso de *soma*, um medicamento contra a ansiedade cujo objetivo era evitar que as pessoas fizessem perguntas. O mantra cultural desse admirável mundo novo de Huxley era: "Todo mundo é de todo mundo".[14] Atualmente, nosso mantra está rapidamente se tornando: "Todo mundo pode fazer qualquer coisa com tudo e com todos", sendo opcional o envolvimento de pessoas. Para enfraquecer e destruir as próximas gerações, o dragão que sussurrou no passado agora grita aos ouvidos de todos:

- Sozinho é melhor.
- Abortar é cuidar da saúde.
- Seu corpo, suas escolhas.
- Mulheres não precisam de homens.
- Casamentos terminam em divórcio.
- Busque uma carreira; deixe a família para depois.

A disputa pela mulher

- Filhos são inconveniências que estragam seu corpo.
- Desconfortável? O corpo com que você nasceu está errado – mude-o.
- Não confie em seus pais. Não converse com eles. Confie nos especialistas.

Não podemos mais ser passivas; chegou a hora de sermos proativas. Viva sua vida de forma que outras pessoas vejam aquilo em que você acredita. Seja bondosa. Seja verdadeira. Convide as pessoas a se aproximarem de você em vez de afastá-las. Fale em nome daqueles que foram silenciados. Convide um casal mais jovem para jantar em sua casa e invista nas gerações futuras. Inicie conversas com pessoas a quem considera deslocadas e você ficará surpresa com quanto pode aprender com elas e com quantos estereótipos será confrontada simplesmente ao se sentar à mesa com outras pessoas.

## Lutando pela feminilidade dentro de sua casa

Se você é casada, ame seu marido. Resolvam seus problemas juntos, colocando Deus no centro de sua vida. Honrem um ao outro na frente de seus filhos. Reúnam as ferramentas de que precisam para construir um casamento que dará a seus filhos esperança para o futuro casamento deles. Em vez de reclamar de seu casamento, alegre-se com ele. Casamentos são difíceis, mas crescer juntos vale a pena.

Se você tem filhos, não aja como se eles fossem um incômodo, e sim como uma recompensa, como diz Salmos 127:3-5.

> Os filhos são herança do SENHOR,
> uma recompensa que ele dá.
> Como flechas nas mãos do guerreiro
> são os filhos nascidos na juventude.

LUTANDO PELAS FUTURAS GERAÇÕES

Como é feliz o homem
que tem a sua aljava cheia deles!
Não será humilhado quando enfrentar
seus inimigos no tribunal.

Filhos são uma bênção, não um fardo. Eles são nossa maior riqueza. Continuamos a viver por meio de nossos filhos, e eles alcançam lugares que jamais poderemos alcançar e veem coisas das quais só temos um vislumbre agora. Nossos filhos são como flechas lançadas em direção ao nosso futuro. Eles viverão das vitórias das batalhas que lutamos, e lutarão batalhas que ainda não estão diante de nós. O salmista se refere aos filhos como flechas nas mãos de um guerreiro, provando que o inimigo sabe que a próxima geração é uma ameaça (Salmos 127:4-5). Portanto, mire bem suas flechas.

Aproveite sua família. Comam e conversem juntos. Brinque com seus filhos. Tenha cuidado com as casas nas quais você permite que eles passem a noite. Passeiem e conversem sobre tudo. Faça perguntas e ouça – ouça de verdade. Mantenha-os desconectados da internet e engajados na vida da família. Ajude-os a escolher amigos que amem a Deus. Faça de seu lar um santuário de riso, aprendizado e amor. Inclua em seu círculo de amigos famílias que pensem como você.

Se você for solteira ou não tiver filhos, procure pessoas que precisem de você como uma mãe espiritual, uma mentora ou uma amiga, e façam em conjunto coisas de que gostem. Adote uma família.

---

*Para honrar e restaurar o plano de Deus para as futuras gerações...*

- ▸ Cite algo que você possa fazer.
- ▸ Cite algo pelo qual você possa orar.

# 6. LUTANDO PARA RECUPERAR O QUE SE PERDEU

*Quem é descuidado com a verdade nas pequenas coisas não é digno de confiança nas coisas importantes.*

Albert Einstein

Meu descuido custou caro.

Após concluir o segundo ano de faculdade, voltei para a casa de meus pais e descobri que meu colar com corrente de ouro havia sumido. Essa era realmente uma crise de acessórios para uma jovem dos anos 1970 como eu! Apesar disso, eu me lembrava de tê-lo deixado na gaveta do meu banheiro. Esvaziei todos os itens da primeira gaveta, depois remexi freneticamente todas as gavetas do meu lado do armário. Em seguida, tirei as próprias gavetas do armário, para ver se meu colar havia caído no fundo do armário, mas de nada adiantou. Revirei as gavetas do meu quarto.

E nada.

Será que meu colar fora roubado? Entrando em pânico só de pensar, gritei: "Mãe, não estou conseguindo encontrar a corrente de ouro que a vovó me deu!".

Mamãe surgiu à porta do banheiro e respondeu calmamente: "Está comigo".

## A disputa pela mulher

Respirei aliviada e feliz por saber onde estava. Contudo, quando pedi o colar de volta, descobri que, apesar de ter sido encontrado, para mim ele se havia perdido. Minha mãe me disse que ficaria com ele... permanentemente. Ela se justificou dizendo que, se eu tivesse dado valor àquele presente, não o teria deixado em uma gaveta de banheiro bagunçada. Ela me mostrou que uma boa parte do colar estava torta, porque eu havia fechado a gaveta de forma descuidada, prendendo a corrente.

Fiquei furiosa.

Eu disse que o colar não era dela, que era um presente da vovó para mim! Mas a mamãe me lembrou que, quando ganhei o colar, ela ficou preocupada por eu ser nova demais para cuidar daquele presente e valorizá-lo. Infelizmente, minhas ações provaram que minha mãe tinha razão. Reclamei de sua decisão várias vezes e a acusei de ter procurado motivos para tomá-lo de mim, mas minha mãe se recusou a ceder. E nunca mais eu vi aquele colar.

Mais de quarenta anos se passaram, mas ainda me lembro dessa lição sempre que vejo um colar parecido com aquele que eu perdi. Talvez você esteja pensando que eu me lembro dessa experiência porque foi traumático perder um presente da minha avó, mas não é isso. É porque essa história me faz lembrar que o descuido tem suas consequências. Dali em diante, a decisão da minha mãe me ensinou a cuidar de itens de valor, pois aprendi que o descuido tem um preço.

Só entendi o valor daquele colar *depois* de tê-lo perdido. Eu tinha um porta-joias no qual poderia tê-lo guardado, mas o joguei em uma gaveta de banheiro porque fora mais prático. Assim, por ter deixado meu colar no lugar errado, ele se estragou. Os anéis retorcidos da corrente afetaram todo o caimento do colar.

O descuido já me custou plantas. O descuido já me custou relacionamentos. Será que temos sido descuidadas com o dom da feminilidade? Será que temos permitido que nossa natureza feminina seja jogada nos lugares errados? Será que por isso nossa relação com os homens ficou distorcida?

## Nossa história original

Tanto nós, mulheres, como os homens fomos estimulados a entrar em conflito uns com os outros por tanto tempo que é difícil nos lembrarmos de uma época em que estivéssemos belamente ligados, como os anéis de uma corrente. Vamos voltar à nossa origem.

> Então o SENHOR Deus declarou: "Não é bom que o homem esteja só; farei para ele alguém que o auxilie e lhe corresponda". (Gênesis 2:18)

Essa é a primeira vez que as Escrituras dizem que algo "não é bom". É importante notar que Deus não disse que o homem não era bom. Adão tinha um propósito e era ativo, mas não tinha com quem ter intimidade. Ele estava sozinho, e isso não era bom. Essa também é a primeira vez que se enfatiza a falta de algo em meio à abundância do Éden. O paraíso estava com um problema: seu guardião estava solitário.

> Todavia não se encontrou para o homem alguém que o auxiliasse e lhe correspondesse. (v. 20)

Todas as criaturas tinham um par, um reflexo, alguém que era seu igual e, ao mesmo tempo, singularmente diferente... exceto o homem. O homem foi criado à imagem de Deus, porém não tinha ninguém que fosse seu reflexo. Então, o homem desejou alguém, uma união que fosse mais do que ele sabia descrever ou criar.

Seu anseio por *algo mais* criou a disposição de dar mais do que pensávamos ser possível, e é por isso que as mulheres

## A disputa pela mulher

continuam a gerar filhos, mesmo sabendo do risco e da dor envolvidos. Por isso homens e mulheres militares deixam para trás todos os que amam a fim de entrar em guerras para proteger um futuro do qual talvez nem mesmo participem. Acredito que por essa razão Deus fez o homem entregar sua vida para gerar a mulher.

> Então o Senhor Deus fez o homem cair em profundo sono e, enquanto este dormia, tirou-lhe uma das costelas, fechando o lugar com carne. (v. 21)

Não há como evitar o paralelo entre esse versículo e uma cirurgia. Deus formou a mulher a partir do homem. Deus chamou à existência toda a criação, mas o homem e a mulher foram formados por suas mãos. O homem se entregou a Deus na esperança daquilo que poderia acontecer (a mulher).

A mulher foi a resposta de Deus ao problema do homem, pois ele precisava da mulher. O que isso significa para nós? Significa que nosso propósito, isto é, a origem de nossa criação, foi uma resposta ao profundo e doloroso problema da solidão. Em outras palavras, a feminilidade é a profunda resposta à masculinidade, pois homens e mulheres foram feitos um para o outro.

Deus não criou a mulher para ser dominada e oprimida pelo homem, tampouco a criou para manipulá-lo e dominá-lo. A mulher foi criada para ajudar o homem de uma forma que só ela é capaz de fazer. Creio que ela foi feita para ser a guardiã de seu coração. É importante notar que ajudar o outro não torna você inferior... e sim necessária. Na mulher, o homem encontrou aquilo que lhe faltava quando estava sozinho. O fato de ela ter aparecido mudou aquilo que "não é bom" para "muito bom".

O desejo mais profundo do homem agora estava vivo e de pé à sua frente. Sua busca havia acabado. Agora ele tinha alguém com quem compartilhar seu Éden florido (veja v. 15).

Anseios profundos acabam virando sonhos. Gosto de imaginar que, quando o homem dormia, ele sonhava com a mulher. Ela era aquilo que ele esperava, e isso prefigurava que Cristo entregaria a própria vida por sua noiva, a igreja. Nós somos a noiva que nasceu de sua morte. Jesus nos diz em João 12:24: "Digo verdadeiramente que, se o grão de trigo não cair na terra e não morrer, continuará ele só. Mas, se morrer, dará muito fruto".

> **AJUDAR O OUTRO NÃO TORNA VOCÊ INFERIOR... E SIM NECESSÁRIA.**

O homem sabia o que significa plantar. A mulher foi o fruto que surgiu de sua costela. Os textos bíblicos e rabínicos falam da criação da mulher como tendo sido feita por Deus a partir de uma costela do homem. Algumas versões afirmam que a mulher foi tirada do lado do homem. Seja como for, essas duas opções afirmam que a mulher surgiu do homem, e, antes da Queda, até seus nomes refletiam seu alinhamento divino.

A palavra hebraica para homem é *ish* e a palavra para mulher é *isha* (ou *ishah*). A estrutura genética do homem é o par de cromossomos XY, e a estrutura da mulher é XX, como se nosso Criador tivesse isolado o cromossomo X do homem, elevando-o à segunda potência.

> *A mulher é parte do homem, por isso este deixa a*
> *casa de seus pais para encontrar uma mulher que,*
> *simbolicamente, o restaure à sua totalidade original.*
> RAV CHAIM NAVON[1]

No alvorecer da criação, a mulher sabia que havia sido feita do homem e para o homem. Seu propósito sempre foi o homem, porque ela foi feita dele e para ele. (Isso não significa que a mulher seja de uso ou propriedade do homem.)

A disputa pela mulher

> Deus os abençoou e lhes disse: "Sejam férteis e multipliquem-se!
> Encham e subjuguem a terra! Dominem sobre os peixes do mar,
> sobre as aves do céu e sobre todos os animais que se movem
> pela terra". (Gênesis 1:28)

Deus deu ao homem e à mulher domínio sobre todas as coisas, exceto um sobre o outro. Não havia conflito pelo poder; eles eram dois, criados em íntima união de corpo e propósito, e o inimigo odiou isso. Foi aí que as coisas começaram a desmoronar.

## A Queda

> Ora, a serpente era o mais astuto de todos os animais selvagens
> que o Senhor Deus tinha feito.
> E ela perguntou à mulher: **"Foi isto mesmo que Deus disse**:
> 'Não comam de nenhum fruto das árvores do jardim'?" Respondeu a mulher à serpente: "Podemos comer do fruto das árvores
> do jardim, mas Deus disse: 'Não comam do fruto da árvore que
> está no meio do jardim, nem toquem nele; do contrário vocês
> morrerão'". Disse a serpente à mulher: "Certamente não morrerão! Deus sabe que, no dia em que dele comerem, seus olhos
> se abrirão, e vocês, como Deus, serão conhecedores do bem e do
> mal". (Gênesis 3:1-5, grifo da autora)

O conhecimento do bem e do mal não é um bom substituto para o conhecimento de Deus. Até então, o homem e a mulher viviam em íntima comunhão com seu Criador e um com o outro.

No entanto, a serpente fez a mulher pensar que algo lhe faltava. Acho surpreendente o fato de ela ter ido atrás de algo que não deveria ter (ser igual a Deus) e acabou perdendo algo que já poderia ter (sabedoria). Ao distorcer as palavras do Senhor, a serpente apelou para o desejo daquele casal de ser como Deus à parte dele, e, assim, tanto o homem como a mulher tentaram obter um papel que não era deles. Somente milênios depois, a semente da mulher, Jesus, reverteu a loucura do primeiro casal, transformando a cruz em nossa árvore da vida.

De fato, homem e mulher foram feitos à imagem de Deus, mas não iguais a ele, pois a imagem de algo é seu reflexo, não sua totalidade. O discurso enganoso da serpente fez com que eles pensassem que receberiam algo quando, na verdade, estavam sendo roubados. Em vez de serem iluminados, seu entendimento foi obscurecido. Aquele filhote de dragão roubou sua autoridade e sua posição fingindo ser seu amigo. Quando dá ouvidos à mentira, você se esquece de quem é e começa a confundir inimigos com amigos.

Após ter sua imortalidade roubada, a vida daquele casal caminhou para a morte, e sua luz se transformou em vergonha. Seu domínio foi corrompido em opressão masculina e manipulação feminina, e a multiplicação deu lugar à divisão, fazendo a ordem da criação cair no caos.

Após a Queda, Adão chamou sua mulher de Eva (*chava*), porque seria a mãe da raça humana. De certa forma, o papel da mulher passou a ser seu nome.

A humanidade sofreu perda em todos os seus relacionamentos. O laço íntimo entre homem e mulher foi rompido pela divisão e pela desconfiança, e isso repercutiu em problemas nos relacionamentos entre irmãos e irmãs. O laço entre pais e filhos foi distorcido, e o relacionamento entre a humanidade e a terra, comprometido. Por esse motivo, precisamos que o evangelho de esperança e restauração se torne realidade em todas essas áreas danificadas. Jesus deu início ao processo de restauração a fim de que possamos seguir adiante.

> É necessário que ele [Jesus] permaneça no céu até que chegue o tempo em que Deus restaurará todas as coisas, como falou há muito tempo, por meio dos seus santos profetas. (Atos 3:21)

## A disputa pela mulher

Deus criou o homem e a mulher com uma ligação tão íntima que aquilo que fere um fere o outro, e aquilo que cura um também cura o outro. Neste exato momento, ambos os sexos e gêneros precisam de cura.

Gosto de pensar na masculinidade e na feminilidade como os dois lados de uma mesma moeda preciosa, cada um com uma figura diferente. A moeda de ouro *American Gold Eagle* [águia dourada norte-americana] tem a cabeça de uma magnífica águia de um lado e, do outro, de uma mulher gloriosa segurando uma tocha em uma mão e um ramo na outra. Para que a moeda continue sendo valiosa, ambos os lados devem estar em sua condição original; ou seja, se um deles for desfigurado, o valor da moeda inteira será diminuído. Da mesma forma, as mulheres nunca aumentarão seu valor depreciando os homens, nem os homens terão seu valor aumentado se oprimirem as mulheres.

A restauração da dinâmica saudável dos relacionamentos entre homem e mulher não ocorrerá se atacarmos ou culparmos uns aos outros pelos problemas atuais. A culpa é do dragão. Portanto, ao lutarmos por nossa identidade divina, também lutamos pela volta do alinhamento divino entre homens e mulheres.

---

*Para ajudar a restaurar a unidade entre homens e mulheres...*

- ▶ O que você pode fazer?
- ▶ O que você pode parar de fazer?
- ▶ Pelo que você pode orar?

# 7. LUTANDO PARA NOS UNIRMOS PELA CAUSA DE DEUS

*Se um dia as mulheres de todo o mundo se unirem pura*
*e simplesmente pelo bem da humanidade, essa será uma*
*força tal que o mundo jamais conheceu.*

*Matthew Arnold, poeta e filósofo britânico*

Ainda me lembro da primeira vez que li essa frase. Minha reação foi intensa. Senti as palavras entrarem em meu peito e reverberarem por todo o meu ser. Fiquei chocada ao ver que um verso escrito nos anos 1800 dava tanto sentido e razão ao nosso momento da história. Acho que até chorei. Algo santo despertou dentro de mim, e minha mente se encheu de perguntas. Será que isso é possível? Será que essas palavras são uma ordem para as mulheres de nossa época?

Por mais de dez anos, tenho observado o que acontece quando compartilho esse trecho. A plateia feminina fica boquiaberta. Em seguida, surgem celulares para registrar as palavras do verso. Se ele causou impacto uma década atrás, deveria ficar cravado em nosso coração feminino hoje.

Porém, o *se* é uma palavra traiçoeira e repleta de incerteza.

*Se* indica que uma condição deve ser cumprida para que algo aconteça.

## A disputa pela mulher

Esse *se* é uma sequência de loteria com três números: tempo, motivação sincera e união entre as mulheres.

Esse sonho depende da voz e da ação de várias mulheres, e pode se tornar realidade em nossos dias, isso, é claro, se não houver maldade, e sim motivação pura em nosso coração. As filhas de nossa época precisam se unir pelo bem de todos.

A pergunta não é "Será que conseguimos?", e sim "Será que queremos fazer isso?". Se estivermos dispostas, Deus é capaz. Muito antes de um filósofo britânico propor essa ideia, a Palavra de Deus já havia profetizado:

> O Senhor deu a palavra, grande é a falange [o exército] das mensageiras das boas-novas. (Salmos 68:11, ARA)

Deus deseja que muitas mulheres tenham uma só voz. Ele deseja que, à sua ordem, elas preguem o evangelho, unidas no propósito celestial. A unidade de propósito funciona tanto para os bons como para os maus propósitos. Vemos isso em Gênesis 11, quando o povo se uniu para construir a Torre de Babel.

> E disse o Senhor: "Eles são um só povo e falam uma só língua, e começaram a construir isso. Em breve nada poderá impedir o que planejam fazer". (v. 6)

Se Deus disse que nada seria impossível para pessoas que se uniram em rebelião, quanto mais se mulheres santas firmarem seu coração na vontade de Deus para si e suas famílias!

Quando estamos em união e em concordância com a Palavra de Deus, a bênção divina se manifesta. Salmos 133:1-3 nos diz que, quando os irmãos vivem em união, Deus ordena sua bênção, e eu creio que isso também se aplica às irmãs. Essa ideia está alinhada com o propósito de nossa criação, que era mudar a situação de "não é bom" (que o homem estivesse só) para a

LUTANDO PARA NOS UNIRMOS PELA CAUSA DE DEUS

situação de "muito bom" (com a união entre homem e mulher). Essa convergência de dois que se tornam um novamente, em objetivo e propósito, tem um poder sem precedentes.

Mas quantas mulheres são necessárias para que isso aconteça?

## Apenas doze

Jesus deu início à sua obra de virar o mundo de ponta-cabeça com doze homens dedicados ao evangelho. Aqueles doze homens discipularam outros mais até que as boas-novas de Jesus Cristo alcançaram o mundo inteiro.

No século passado, doze mulheres determinadas adotaram essa mesma estratégia por motivos bem diferentes. Em vez de se reunirem a favor do bem da humanidade, elas se uniram pela destruição da cultura ocidental. O trecho a seguir foi retirado de um artigo escrito por Mallory, irmã de Kate Millett, uma ativista radical da segunda onda feminista:

> Em 1969, Kate me chamou para ir com ela a uma reunião na casa de sua amiga Lila Karp. Elas chamavam aquela assembleia de "grupo de conscientização", uma prática típica do comunismo, utilizada na China maoísta. Sentamo-nos a uma grande mesa, e a presidente fez a abertura da reunião com uma declamação alternada, como se fosse uma litania, uma espécie de oração feita na Igreja Católica Romana. Contudo, agora era o marxismo, a "igreja da esquerda", que estava imitando uma prática religiosa:
>
> — Por que estamos aqui? — perguntava ela.
> — Para fazer uma revolução — respondiam as demais.
> — Que tipo de revolução?
> — Revolução Cultural.
> — E como fazemos a Revolução Cultural?
> — Destruindo a família americana!

# A disputa pela mulher

— Como destruímos a família?

— Destruindo o Patriarca Americano.

— E como destruímos o Patriarca Americano?

— Tomando seu poder!

— Como fazemos isso?

— Destruindo a monogamia!

— Como destruímos a monogamia?

— Promovendo promiscuidade, erotismo, prostituição e homossexualidade!

Em seguida, veio uma longa discussão sobre como promover esses objetivos fundando a Organização Nacional das Mulheres. Estava claro que aquelas mulheres não queriam nada mais nada menos do que a desconstrução total da sociedade ocidental. A conclusão foi que a única forma de conseguir isso seria "invadindo todas as instituições norte-americanas. Cada uma delas deveria ser permeada pela 'Revolução'": a mídia e o sistema educacional (universidades, escolas de Ensino Médio e Fundamental, e conselhos estudantis), depois os poderes judiciário, legislativo e executivo, e até mesmo as bibliotecas nacionais.[1]

E foi o que aconteceu.

Com clareza e convicção, elas foram capazes de ir além de seus sonhos mais ousados.

Doze mulheres deram início a uma revolução que se infiltrou com sucesso em todas as esferas da cultura dos Estados Unidos. Incansáveis e determinadas, elas, metodicamente, semearam sua mensagem em e por meio de cada uma das instituições citadas. A divisão e o descontentamento se espalharam pelos lares norte-americanos como se fossem um vírus. A chave para o sucesso daquela revolução cultural foi a desconstrução sistemática da família, e não deveríamos ficar surpresas com as palavras delas. Kate Millett assumiu que era lésbica em 1970, tendo se identificado como bissexual durante seu casamento de vinte anos com o escultor Fumio Yoshimura, casando-se depois com Sophie Keir.[2]

As feministas sempre foram transparentes em relação a seus objetivos. Em 1970, a ativista Robin Morgan disse: "Não conseguiremos abolir as desigualdades entre homens e mulheres enquanto não acabarmos com o casamento".[3]

E ela não era a única a pensar assim. Gloria Steinem, cofundadora da revista feminista *Ms.*, popularizou a famosa frase de Irina Dunn: "Uma mulher sem um homem é como um peixe sem uma bicicleta", querendo dizer, mais uma vez, que os homens eram desnecessários.

Aquela faísca logo se tornou um incêndio. O estrago causado à família começou com a profunda separação entre o homem (a quem chamavam de "Patriarca Americano") e a mulher. Observe que a forma proposta pelas feministas para *tirar seu poder* foi removendo a mulher do lado dele como "patriarca", ou seja, destruindo o casamento.

Em vez de pais e maridos, os homens passaram a ser chamados de "patriarcas" e opressores. Rótulos desse tipo fazem a mágica de espalhar preconceitos rapidamente e criam divisões que forçam as pessoas a se posicionar de algum lado. Além disso, rótulos descaracterizam as pessoas, jogando-as em categorias genéricas, de modo que as partes possam se tornar o todo odiado. Desse modo, ao atribuir as características de alguns homens a todos eles, o resultado é que todos do sexo masculino se tornam tiranos que oprimem mulheres. As feministas tiveram sucesso em reduzir a aliança íntima entre marido e mulher a uma relação entre opressor e oprimida. De repente, as mulheres passaram a acreditar que estavam ajudando e incentivando seus inimigos (e alguns homens eram mesmo cruéis). Isso prova, mais uma vez, que "toda cidade ou casa dividida contra si mesma não subsistirá" (Mateus 12:25). Casamentos divididos abrem caminho para famílias divididas.

## A disputa pela mulher

A monogamia foi estrategicamente atacada dos dois lados, de modo que se passou a dizer aos homens que a monogamia era algo impossível, e a promiscuidade foi considerada normal. Em 1968, os cinemas exibiram o primeiro filme para maiores de 18 anos e, em 1975, a revista *Playboy* era líder mundial das revistas masculinas. Enquanto os homens ficavam fora de casa aproveitando o melhor da vida, as mulheres eram negligenciadas e se sentiam presas em casa com os filhos pequenos. Essa combinação de maridos infiéis com esposas infelizes se mostrou letal para a família.

E as feministas se aproveitaram dessa traição. Gloria Steinem teve a ousadia de dizer que o próprio casamento era uma "privação dos direitos civis femininos",[4] apesar de as mulheres já terem conquistado o direito a salários iguais em 1963, com a confrontação da discriminação sexual graças à Lei dos Direitos Civis de 1964. Não obstante, as líderes da segunda onda do feminismo queriam mais e, no final dos anos 1960, entraram na briga com o objetivo de libertar as mulheres de seus lares.

Era exatamente isso que a agenda marxista queria.

A segunda onda do movimento feminista foi totalmente diferente dos grupos de mulheres anteriores, que focaram na reforma moral, na abolição da escravidão, na proteção dos valores bíblicos e familiares, no consumo moderado de álcool e no direito ao voto para mulheres de todas as etnias e cores de pele. Por sua vez, as feministas da segunda onda lutaram por maior acesso ao aborto, liberdade reprodutiva e desconstrução da família. No início dos anos 1970, Phyllis Schlafly, opositora dessa agenda, alertou que tais medidas levariam a uma sociedade sem gênero e com o potencial de destruir a família.[5] Suas palavras foram ridicularizadas na época, mas se mostraram tragicamente verdadeiras em nossos dias.

Uma nova narrativa foi implementada e reforçada pela cultura: os homens eram tiranos infiéis, e as mulheres, suas infelizes vítimas suplicando por libertação. Então, em vez de exigir melhor comportamento por parte dos homens, decidimos nos unir a eles. Era apenas uma questão de justiça que as mulheres tivessem aquelas mesmas liberdades sexuais masculinas e, com o advento da "pílula", isso se tornou possível!

Lembro-me de quando essa mudança aconteceu. A tensão em nossa casa aumentou. Minha mãe pendurou na geladeira um contrato que ela forçou meu pai a assinar, no qual constava que, se ele não atendesse às exigências dela dentro de um prazo determinado, ela partiria para a ação e iniciaria o processo de divórcio. Essa mensagem estava por toda a parte. Os homens foram colocados de sobreaviso: as mulheres estavam se libertando deles. Entretanto, será que elas estavam realmente se libertando ou apenas trocando um senhor por outro?

Por que as mulheres teriam vontade de ir para casa se poderiam estar no trabalho ganhando dinheiro? Como o horário comercial ia das nove às dezessete horas, os filhos eram mandados para a escola e, ao voltarem, encontravam a casa vazia. E assim surgiu uma geração deixada sozinha em casa. Quando John e eu éramos pastores de jovens, no final dos anos 1980, as estatísticas diziam que o intervalo entre a saída da escola (15h) e a chegada dos pais (17h) era o horário mais provável para os adolescentes terem relações sexuais. Os pais, tanto homens como mulheres, voltavam para casa exaustos todas as noites. As refeições passaram a ser abreviadas como se fossem um suplício; depois, a família ficava reunida por umas poucas horas e logo os filhos eram mandados para a cama. Assim, com a maior parte da vida familiar diurna gasta na escola ou no trabalho, o lar se tornou um lugar para dormir, e não para morar.

Aqui está a dura verdade: o movimento de libertação feminina não teria alcançado tanto sucesso assim se a igreja tivesse ensinado homens e mulheres a viverem juntos e se amarem de verdade. Contudo, a questão da submissão no casamento nem

## A disputa pela mulher

sempre foi ensinada de forma saudável, tanto que era comum as mulheres serem subjugadas em vez de cuidadas pelos maridos. John e eu acreditamos que o casamento é a união de duas pessoas comprometidas para trazer à tona o melhor uma da outra. As Escrituras instruem claramente os homens a liderarem como Jesus, advertindo-os contra o mau uso de sua posição de maridos e líderes do lar. Também dão instruções bem mais detalhadas sobre como os maridos devem se portar do que sobre a submissão das esposas. Como o cabeça do lar, o marido se torna um líder-servo. Efésios 5:28 diz:

> Da mesma forma [que Cristo], os maridos devem amar cada um a sua mulher como a seu próprio corpo. Quem ama sua mulher ama a si mesmo.

Jesus foi um exemplo de como os maridos devem liderar. Efésios 5:22-33 revela como o padrão de Cristo se reflete em como o homem ama sua esposa. Ao amar sua mulher, o marido está amando a si mesmo. O amor de Cristo dá em vez de tomar e se compromete a trazer à tona o que existe de melhor em sua igreja. De modo semelhante, o marido deve liderar de tal modo que evidencie o melhor de sua esposa e de sua família. Assim como Cristo, os maridos devem liderar pelo exemplo, *não* pela intimidação ou por qualquer forma de dominação. O que está errado não é a instituição do casamento, e sim os homens que abusam de sua posição de maridos.

> AS ESCRITURAS TAMBÉM DÃO INSTRUÇÕES BEM MAIS DETALHADAS SOBRE COMO OS MARIDOS DEVEM SE PORTAR DO QUE SOBRE A SUBMISSÃO DAS ESPOSAS.

A falta gritante desse tipo de amor ajudou o movimento feminista a ganhar força, levando as pessoas à conclusão de que a instituição do casamento é que estava errada, não as pessoas envolvidas. Assim, ao transformar a exceção em regra, as mulheres foram incentivadas a sacudir as algemas do casamento e da maternidade, de tal modo que a união entre homem e mulher passou a ser algo "mau" em vez de "bom".

Além disso, a expressão "Patriarca Americano" de Kate Millett se transformou em sinônimo de "homem branco". Observemos bem esse rótulo: sabemos o que significa *americano*, mas o que significa *patriarca*? Atualmente, o dicionário *Merriam-Webster* define patriarca como "um dos pais bíblicos da raça humana ou do povo hebreu", como um "pai ou fundador" e como "o membro mais velho ou representante de um grupo".[6] O que eu acho curioso é que, desde que comecei a escrever este livro, a definição de *patriarca* já mudou. A definição atual de "pai ou fundador" antigamente era "o pai e governante de uma família ou tribo"; e, em vez de "o membro mais velho ou representante de um grupo", a definição costumava ser "um homem idoso digno de respeito". Essas mudanças de definição refletem a cultura de nossa época. Mas de que forma o Deus Altíssimo se descreveu ao se encontrar com Moisés?

> "Eu sou o Deus de seu pai, o Deus de Abraão, o Deus de Isaque, o Deus de Jacó." Então, Moisés cobriu o rosto, pois teve medo de olhar para Deus. (Êxodo 3:6)

Deus se uniu à linhagem patriarcal dos hebreus, mas isso não significa que as mulheres não fossem importantes ou não participassem dessa linhagem; afinal, sem mulheres, não há legados. Porém, ele é o Deus Pai, o Deus Espírito Santo, e Jesus é o Deus Filho. Deus e Jesus são superiores aos homens, mas são chamados por nomes masculinos: pai, marido, irmão, noivo e filho.

Isso levanta outra questão: como é possível que estejamos satisfeitas com a deturpação atual das palavras *masculino* e *masculinidade*? Esses termos não são inerentemente tóxicos;

## A disputa pela mulher

entretanto, as palavras *masculinidade* e *tóxica* têm sido pareadas com tanta frequência que algumas pessoas acham difícil dizer uma sem dizer a outra. Por outro lado, em um ousado distanciamento do conceito de "masculinidade tóxica", as mulheres da geração Z estão chamando os homens de um modo mais dócil e delicado como: "Ele é uma gracinha".[7] Que mulher, em sã consciência, quer passar a vida ao lado de um cara que se comporta como "uma gracinha"?*

Em vez de deturpar palavras ou aceitar comportamentos tóxicos, vamos encontrar maneiras de encorajar os homens a terem uma *masculinidade saudável*. Isso não costuma acontecer quando a definição de masculinidade saudável é feita primeiramente por mulheres; afinal, os homens é que sabem a amplitude do que significa ser um homem biológico saudável. Quando os homens são estimulados a agir como mulheres, e as mulheres a agir como homens, os dois gêneros se afastam das posições em que são mais fortes.

> VAMOS ENCONTRAR MANEIRAS DE ENCORAJAR OS HOMENS A TEREM UMA **MASCULINIDADE** SAUDÁVEL.

Nos anos 1970, atitudes respeitosas e inocentes – como os homens ficarem em pé quando as mulheres entram em uma sala, puxarem a cadeira para elas se sentarem e abrirem a porta para elas – foram consideradas insultos. Dissemos que éramos mais do que capazes de abrir nossas próprias portas e puxar nossas próprias cadeiras. Sim, isso é verdade, mas aquelas atitudes masculinas nada tinham a ver com falta de força de nossa parte; eram apenas atos de respeito e consideração da parte deles. Ao longo dos anos, o número de homens que abrem portas para mulheres como um gesto formal de respeito despencou.

---

*O termo original é a gíria norte-americana "babygirl", que quer dizer "bebezinha", "bebê menina". (N.T.)

Aquilo que o movimento feminista *não* encorajou foi a dinâmica saudável entre homens e mulheres, em que ambos os sexos ganhavam. Aquela era a vez das mulheres! A opção do casamento santo não fez nada para promover sua causa. Exemplos de homens fiéis que amavam, protegiam, cuidavam e sustentavam a esposa e a família foram eliminados de suas equações. Contudo, é exatamente assim que a autoridade saudável de um marido ou pai serve às pessoas sob seus cuidados.

O termo em inglês *husbandry* [derivado de *husband*, "marido"] significa cultivar e cuidar de vinhas, a fim de mantê-las saudáveis e produtivas. Salmos 128:3 descreve um lar saudável da seguinte maneira:

> Sua mulher será como videira frutífera
> em sua casa;
> seus filhos serão como brotos de oliveira
> ao redor da sua mesa.

Essa é uma linda descrição de um lar próspero, mas, quando os homens são dominadores, suas esposas se tornam videiras enfraquecidas. Na guerra dos sexos, ambos os lados saem perdendo; e, como na maioria das guerras, de certa forma os dois lados estão errados. A figura de mulheres que abrem mão de sua voz e de seus sonhos por causa dos caprichos de maridos egoístas e dos filhos necessitados contrasta e muito com os valores judaico-cristãos, que defendem que as mulheres tenham uma vida plena e realizada. Quem poderia se esquecer da invejável mulher de Provérbios 31, que comprou um campo lucrativo, plantou uma vinha, produzia linho e o vendia? Ela se importava com aqueles que estavam debaixo de seu teto e cuidava dos pobres e necessitados. Ela estava livre e empoderada para florescer, e seu marido a elogiava e comemorava seu sucesso! A realização acontece quando vamos além de nós mesmos,

# A disputa pela mulher

conectando-nos com o Doador da Vida e tocando a vida que ele deseja amar por nosso intermédio.

Uma geração de mulheres cometeu o erro de considerar que sua identidade era a de "donas de casa" e "mães", quando esses eram apenas seus papéis. Em seu livro *A mística feminina*, Betty Friedan combateu o vazio que essas mulheres sentiam quando estavam cercadas de bens, mas espiritualmente vazias. Em vez de buscar um relacionamento com seu Criador, elas viam o casamento e os homens como o problema. O interessante é que o feminismo teve destaque no mesmo período que o Jesus Movement.* A resposta que as mulheres estavam buscando era a renovação espiritual, mas, em vez disso, muitas se apegaram ao feminismo, o que apenas agravou o problema.

Quando fiz minhas pesquisas para este livro, comecei a me perguntar se as feministas haviam levado as palavras de Gênesis mais a sério do que a igreja. Elas entenderam que, quando os homens ficam sozinhos, sentem-se vulneráveis e são mais facilmente manipulados. Elas sabiam que a união entre homem e mulher era poderosa, devendo ser rompida, e não restaurada. Todavia, o massacre do casamento não se limitou aos Estados Unidos.

> Quase 90% da população mundial vive hoje em países com taxas decrescentes de casamento. Nos Estados Unidos, desde os anos 1970, a taxa de casamento diminuiu 60%, ao passo que a idade média do primeiro casamento aumentou tanto para homens como para mulheres.[8]

Uma geração inteira viu o casamento de seus pais se desintegrar e decidiu que essa aliança não tinha valor algum. Nem sei

---

*O Jesus Movement ["Movimento de Jesus"] foi um movimento cristão dos Estados Unidos que ocorreu nos anos 1960 com o objetivo de promover o avivamento nacional e alcançar jovens no contexto hippie da época. (N.T.)

dizer quantas vezes ouvi casais que moram juntos afirmando que o casamento é apenas um pedaço de papel. Eles não veem o casamento como uma aliança entre três pessoas: o homem, a mulher e Deus, aquele que faz dos dois um só. Desapontados com seus pais, esses casais rejeitaram os padrões deles, e, em vez de lutarem para construir casamentos saudáveis, um número cada vez maior não quer se casar. Para muitos, essa recusa significa que eles também não querem ser pais, o que nos mostra que casamentos destruídos geram filhos feridos, os quais, por sua vez, tornam-se pessoas desiludidas.

## Resgate e restauração

Culturas saudáveis são edificadas sobre e por famílias saudáveis. Não há famílias ou casamentos perfeitos, mas todas nós podemos aprender a construí-los de uma forma mais saudável. John e eu somos a prova viva de que lindas famílias podem surgir de passados difíceis.

Certa manhã de Natal, eu estava maravilhada diante da fidelidade de Deus. Vi dois casais de pijama abraçados em minha cozinha e outros dois casais brincando e lutando com meus netos perto da árvore de Natal. Nunca tive uma experiência como essa em minha família de origem. Todo Natal, havia uma briga. Se alguém não ganhava o que queria, todos os outros eram prejudicados. John e eu decidimos fazer um Natal diferente em nossa família; nosso objetivo era dar, não receber. De várias maneiras, resolvi não seguir o padrão tóxico de meus pais; porém, em vez de desistir do casamento e da família, John e eu optamos por construí-los segundo o padrão de Deus.

Acredito que o objetivo do inimigo é desconstruir a família; portanto, nosso objetivo deve ser restaurá-la. Não podemos deixar essa restauração nas mãos do governo e da cultura, porque ambos estão influenciados pelo dragão. O profeta Isaías falou sobre esse problema de nossos dias:

## A disputa pela mulher

> Pode o despojo ser recuperado de um gigante?
> Podem os prisioneiros de guerra ser resgatados de um tirano?
>
> (Isaías 49:24, *A Mensagem*)

As perguntas que escuto ao ler isso são: Será que nossos filhos podem ser resgatados? Será que nosso casamento pode ser restaurado? Será que podemos recuperar a privacidade e a segurança de nossos espaços femininos? Será que nossa nação será poupada? E Deus responde:

> Mas o Eterno diz: "Mesmo que um gigante se aposse do despojo
> e um tirano faça do meu povo seu prisioneiro,
> sou eu que estou do lado de vocês,
> defendendo sua causa, resgatando seus filhos".
>
> (Isaías 49:25, *A Mensagem*)

Deus está sempre a favor do resgate.

Deus está sempre a favor da redenção.

Deus está sempre a favor da libertação dos que estão presos.

Deus está sempre a favor dos oprimidos e desanimados.

Entretanto, mais uma vez, é vital lembrarmos que não estamos lutando contra carne e sangue, e sim em uma batalha cósmica para resgatar o casamento e a família. Lutamos *pelas* pessoas. Por esse motivo, vamos revisar algumas estratégias que nos trouxeram até aqui, para que possamos fazer uma engenharia reversa com elas:

Por que estamos aqui?

*Para começar a restauração.*

Que tipo de restauração?

*Uma restauração espiritual.*

Como a restauração começa?

*Restaurando a família.*

Como a família é restaurada?

*Pelo novo nascimento e pelo perdão.*

Por onde isso começa?

*Por mim.*

Como você vai começar essa restauração?

*Honrando homens e mulheres.*

Como os honramos?

*Restaurando o poder de ambos.*

Como fazemos isso?

*Honrando o plano original de Deus.*

Como honramos o plano original de Deus?

*Protegendo o casamento e a família.*

E como protegemos o casamento e a família?

*Quebrando todo acordo com as trevas e buscando Cristo.*

Casamentos saudáveis são indispensáveis porque o casamento foi feito para refletir na terra o relacionamento entre Cristo e a igreja. Nesse sentido, a melhor forma de evitar o mal é fazendo o bem e buscando o Senhor. A intimidade santa no casamento com uma única pessoa é o oposto da tendência atual da promiscuidade, pois a família é importante porque Deus é nosso Pai, e nós somos suas filhas.

Não basta criar leis para vencer essa batalha. Ela será vencida por meio do amor e da obediência. Romanos 12:9, trecho cujo título em algumas versões é "Marcas do verdadeiro cristão", diz o seguinte:

O amor deve ser sincero. Odeiem o que é mau; apeguem-se ao que é bom.

Eis aqui a dificuldade de nossos dias: é fácil odiar o mal e se apegar ao que é bom, mas resgate e restauração requerem que façamos essas duas coisas ao mesmo tempo; é aí que está

## A disputa pela mulher

o desafio. Felizmente, o amor sincero torna tudo possível. Para nós, é como andar em uma corda bamba. É sempre mais fácil odiar o mal que vemos em outras pessoas e ignorar o mal que se esconde em nosso íntimo. *Odiar* é uma palavra forte que quer dizer "tratar com extrema repugnância; sentir abominação e desprezo".[9] Nunca fazemos vista grossa àquilo que odiamos.

Quero voltar às poderosas palavras de Matthew Arnold e convidar você a ouvi-las como se estivessem sendo ditas apenas para seus ouvidos:

"*Se um dia...*" Se não for hoje, quando será?

"*... as mulheres de todo o mundo se unirem...*" Por que não nós? Por que não começamos isso? A que ponto precisa chegar a escuridão em nosso mundo? Quanto mais precisa ser roubado de nossas filhas até confrontarmos o mal de nossa época com nossas orações e ações? Precisamos de mulheres de todas as idades, posições, raças e lugares. Precisamos de avós, mães, solteiras, casadas, irmãs e filhas. Precisamos nos unir, lembrando-nos da missão da feminilidade que nos foi confiada por Deus: somos doadoras de vida, tratadoras de feridas, fontes de sabedoria e bondade.

"*... pelo bem da humanidade...*" Em nossos dias, essa luta é pelo *resgate* da humanidade.

"*... [nós seremos] uma força tal que o mundo jamais conheceu.*" Sim. Que assim seja!

---

*Para lutar a favor da unidade entre homens e mulheres e na causa de Deus...*

- ▸ O que você pode fazer?
- ▸ O que você pode parar de fazer?
- ▸ Pelo que você pode orar?

# 8. LUTANDO PELA VERDADE

*A mentira não vira verdade, o errado não vira certo, e o mal não vira bem só porque a maioria das pessoas pensa assim.*

Booker T. Washington

Foi uma simples foto que postei no Instagram: uma foto minha, no meu carro, usando óculos de sol e uma camiseta com os dizeres: "O futuro é masculino e feminino". A legenda que coloquei na postagem não era complicada de se entender:

> O futuro é masculino e feminino porque, sem homens e sem mulheres, não existe futuro.

Foi só isso. Simples assim. Eu não estava tentando ser profunda, nem achei que aquela ideia era agressiva. Era reprodução biológica. Contudo, minha camiseta era claramente uma versão expandida da famosa frase: "O futuro é feminino".

Ganhei essa camiseta anos atrás, em uma conferência de mulheres. A frase é um tributo à relação interdependente entre homens e mulheres. Entretanto, qualquer pessoa que visse a reação àquela postagem em minha rede social pensaria que se tratava de uma frase revolucionária. Começaram a me pedir explicações quase imediatamente.

## A disputa pela mulher

Por que eu queria minimizar a opressão das mulheres? Deram a entender que aquela frase era sinônimo de "todas as vidas importam"; eu estava fazendo uma declaração racial? Será que eu tinha sido coagida a subscrever o patriarcado? A fúria daquelas mulheres cristãs era palpável. Fiquei estarrecida com as conclusões a que chegaram. Como seria possível que a inclusão masculina no futuro fosse um aval para as opressões do passado? As mulheres continuaram a fazer perguntas no mesmo tom. Tive de perguntar a mim mesma: *Será que estou traindo as mulheres ao defender os homens?* O economista Thomas Sowell fez uma pergunta à qual todas nós devemos responder:

> Será que chegamos a um nível tão absurdo de considerar certas pessoas responsáveis por coisas que aconteceram antes mesmo de elas nascerem, ao passo que outros indivíduos não são responsabilizados pelo que estão fazendo hoje?[1]

Sim, é verdade que alguns homens oprimiram as mulheres no passado. E sim, em algumas culturas, os homens ainda oprimem as mulheres. Porém, isso não significa que todos eles sejam opressores. Em minha vida, houve tanto homens como mulheres que me viram como adversária e me desprezaram; e também houve homens e mulheres que me encorajaram a alcançar tudo o que Deus me criou para ser e fazer. Acredito que a maioria das mulheres no mundo ocidental tem uma história como a minha. Incluir os homens no futuro da humanidade não é defender o patriarcado tóxico. Eu amo meu irmão, meu marido, meus filhos e meus netos, e não consigo imaginar minha vida sem eles. Amo os homens de nossa equipe. Não fui coagida a "subscrever" coisa alguma. Não consegui acreditar. Pensei que éramos mulheres que pregam a inclusão, não a exclusão. Será que nos tornamos amargas a tal ponto de vomitar esse tipo de retórica estereotipada e fútil? Incluir os dois sexos é uma vitória, e excluir um deles (seja qual for), uma derrota.

As perguntas sobre minha foto continuaram: Será que minha mensagem era sobre reprodução? Será que eu era anti-LGBTQ+? Em primeiro lugar, tratando do conceito de reprodução, sim, homens e mulheres são parceiros na equação biológica das futuras gerações. A reprodução tem um papel importante, mas esse não é o único motivo pelo qual tanto homens como mulheres são necessários para um futuro saudável. E, no que diz respeito a ser "anti-alguma coisa" (seja qual for a letra da sigla), não foi por essa razão que postei a foto.

Algumas mulheres disseram que os homens estavam automaticamente incluídos na frase original, portanto era desnecessário mencioná-los em minha camiseta. Será mesmo? Vivemos em uma época em que falar com clareza é um ato de sabedoria. Como as mulheres se sentiriam ao verem camisetas dizendo: "O futuro é masculino"?

Acho que iríamos rebater, dizendo que não há homens sem mulheres!

Outra pessoa disse que a frase "O futuro é feminino" é uma comemoração de que as mulheres estão começando a aparecer no mundo. Fui aconselhada a não mimar os homens, pois são pessoas que detêm o poder. Mas será que isso os torna merecedores do nosso desprezo? Quando foi que incluir virou sinônimo de mimar?

Fiquei chocada ao ver que uma simples afirmação de biologia e da nossa realidade por milhares de anos se tornou tão confusa. Pela primeira vez na vida, fui chamada de intolerante. Um homem disse que o fato de eu usar uma camiseta que incluía os dois sexos fazia de mim um "demônio do ódio". Outro homem me garantiu que os homens brancos da igreja não me veem como igual. Certo. Eu sei quem sou em Cristo; sou coerdeira com eles, então não importa o que as outras pessoas

# A disputa pela mulher

pensam. Respondi: "Não importa como eles me veem; o que importa é como eu os vejo".

Aquelas críticas pesadas eram alarmantes. Várias mulheres disseram estar horrorizadas ao ver outras cristãs promovendo tanta raiva e tanto ódio contra os homens. Aprendi que, quando as reações são agressivas dessa forma, há algo mais por trás: a sombra de um dragão. Assim, decidi ir a fundo nessa história para ver o que encontraria.

Não foi difícil. Bastou pesquisar na internet: "Qual é a origem da declaração 'O futuro é feminino'?".

Até eu me surpreendi com a origem da frase. Esse *slogan* veio de uma escola de pensamento feminista dos anos 1970 chamada Labyris. Eram separatistas lésbicas que promoviam o isolamento temporário ou permanente das lésbicas em relação aos homens e às pessoas heterossexuais. O nome Labyris veio de um machado de dois lados usado pelas amazonas e deusas greco-romanas, e o *slogan* "O futuro é feminino" fazia parte de um desfile de moda chamado "O que as lésbicas da moda vão vestir". Essa frase foi impressa em produtos variados e vendida em *outlets* limitados para financiar a campanha.

Quarenta anos depois, as feministas se uniram a Liza Cowan, a criadora original daquela propaganda, para reivindicar a frase, e a marca foi atualizada e amplamente veiculada em roupas e outros produtos, com 25% dos lucros destinados à ONG Planned Parenthood [Paternidade Planejada]. Entrevistada em 2015, Liza Cowan declarou: "'O futuro é feminino' era uma convocação para a guerra, uma invocação [...] não apenas um *slogan*, mas uma conjuração". Em 2017, a frase já circulava por toda parte.[2] Hoje, é possível comprar camisetas unissex estampadas com esse *slogan*, feitas para homens, mulheres e crianças.

Perguntei a um adolescente como ele se sentia ao ler essa frase, e ele fez uma pausa e respondeu: "Eu me sinto desnecessário".

LUTANDO PELA VERDADE

As redes sociais estão cheias de entrevistadores perguntando a mulheres de várias idades: "Os homens são necessários?", e todas respondem que não.

Pode ser que nunca nos façam uma pergunta tão direta, mas espero que vivamos de tal forma que mostre claramente que os homens são mais do que necessários: eles são desejados. Inclusive, a feminilidade tóxica nunca foi a resposta certa à masculinidade tóxica.

É essa a mensagem que queremos transmitir a nossos filhos? A nossos netos, irmãos, marido e amigos homens? A nossos colegas, chefes, funcionários e líderes homens? Os homens estão sofrendo. A taxa de suicídio entre eles é quatro vezes maior do que a nossa.[3] Jovens da geração Y têm maior propensão do que as gerações anteriores a cometer o ato, e o maior pico foi de homens na faixa etária de 15 a 24 anos.[4] Isso não me deixa contente. Não há como negar que há um espírito de ódio em curso contra os homens.

Tendo dito isso, compreendo que também existe um espírito de ódio contra as mulheres. Já fui caluniada e tratada com injustiça por homens cristãos. Sou a primeira a admitir isso, e boa parte da história confirma que os homens são capazes de fazer coisas horríveis... mas as mulheres também. Já me disfarcei e visitei prostíbulos na Índia, na Tailândia, no Camboja e na Romênia; vi os horrores da misoginia em primeira mão. No entanto, alguns bordéis que visitei pertenciam a mulheres. Sempre haverá exemplos do que existe de pior em países dominados pela pobreza e pela corrupção. Ao mesmo tempo, a história também nos dá exemplos de homens nobres e valorosos, bem como de mulheres virtuosas e sábias.

Já fui ferida por homens, mas isso não significa que quero feri-los e puni-los por isso. Também fui ferida por mulheres... várias vezes. Boa parte disso se deve ao pecado e à experiência humana. Toda a humanidade é capaz de fazer coisas

A disputa pela mulher

inimaginavelmente sombrias e desumanas, mas também é capaz de realizar ações de profunda empatia e sincera virtude. Na maioria dos dias, vivemos entre esses dois extremos, e é por isso que todos nós – homens e mulheres, jovens e idosos – precisamos da misericórdia de um Salvador.

## Acolher ou apagar a feminilidade?

Na primeira vez que vi a foto do grupo de separatistas lésbicas dos anos 1970, quase as confundi com homens, pois elas se haviam despido de todos os traços de feminilidade. A única coisa que as denunciava era certa evidência de seios. Isso nos leva à seguinte pergunta: por que mulheres como elas imitariam algo que desprezavam e do qual tentavam escapar? Será que elas odiavam os homens ou a vulnerabilidade de sua feminilidade?

Em seu irresistível e instigante livro *The End of Woman* [O fim da mulher], a Dra. Carrie Gress nos traz a seguinte ideia:

> As feministas trabalharam duro para aliviar o sofrimento das mulheres. Contudo, fizeram isso tentando eliminar nossa vulnerabilidade, tornando-nos imitações baratas dos homens, e ignorando nossa feminilidade. Ao caminhar na direção errada, a solução que elas encontraram não conseguiu resolver coisa alguma. Pelo contrário, essa solução foi, pouco a pouco, apagando as mulheres.[5]

Carrie Gress continua sua fala admitindo: "[...] em vez de reconhecer a vulnerabilidade feminina e inspirar as mulheres a florescerem como mulheres, o objetivo das feministas tem sido fazê-las agirem como homens e terem desejos masculinos".[6]

É triste observar que, ao desvalorizar virtudes femininas fundamentais, as feministas, involuntariamente, predispuseram as mulheres a ficarem apagadas. É compreensível que as feministas tenham dificuldade em criticar os homens por se apresentarem como mulheres depois de terem incentivado as mulheres a se comportarem como os homens. E isso responde por que as vozes feministas se calaram tanto diante do argumento de que "mulheres trans [isto é, homens que se consideram mulheres] são mulheres".

Quando a escritora J. K. Rowling teve a coragem de se manifestar, foi ameaçada de ser cancelada e foi rotulada como TERF (sigla em inglês para Feminista Radical Transexcludente).

O escritor Selwyn Duke advertiu: "Quanto mais uma sociedade se distancia da verdade, mais odeia os que a proclamam".[7]

Não pode existir o certo em um mundo no qual não existe o errado, e não existe mentira em um mundo em que cada pessoa tem uma verdade diferente. O único problema em um mundo assim é dizer que existem certo e errado, verdade e mentira.

Em dias conturbados, viver a "verdade" é algo mais poderoso do que falar a "verdade". Em resposta a uma religião que pregou a verdade sem amor, nossa cultura agora expressa o amor sem verdade. Porém, verdade e amor devem coexistir, pois Deus é amor e verdade, e esses dois atributos não podem ser separados. A existência de um sem o outro distorce ambos. A verdade dita, mas não vivida, é hipócrita e contraditória.

Se você ousar dizer a verdade, pode ser acusada de ódio. Portanto, mostre que essa acusação não é verdadeira. Jesus morreu por todos e ama a todos – até mesmo aqueles que acusam você. Não se importe com a reação deles; diga a verdade em amor.

Lembro-me de que houve muita agressividade após a conclusão do caso Roe *versus* Wade. Uma adolescente brigou comigo por escrito dizendo que logo eu morreria e não seria afetada por aquela decisão. Eu poderia ter argumentado que aquilo afetaria, sim, meus filhos e netos, mas, quando parei e reli as palavras dela, tudo o que vi foi medo. Assim, em vez de

A disputa pela mulher

defender minha posição, falei palavras de paz para aquietar os medos daquela jovem.

## O que é a verdade

Depois de uma longa seção sobre "a minha verdade ou a sua", vamos analisar o que ela realmente é ou não é. A verdade não é uma opinião, um sentimento ou uma experiência, e não está limitada a pontos de vista. A verdade é algo completo, e não fragmentado; é mais do que fato e realidade: a verdade tem uma natureza transcendente e eterna. Como seguidora de Jesus Cristo, creio que ele é a Verdade. Creio que a verdade é alguém, não alguma coisa, e esse alguém morreu para que pudéssemos conhecer a verdade e experimentar verdadeira liberdade e vida nele.

Por muitas gerações, pessoas morreram por crerem nisso. (E poucas pessoas se dispõem a morrer por uma mentira.) Mentir é o idioma do dragão, e ele sabe que mentir nos desconstrói. O corpo humano perde força quando está amarrado com mentiras. A cinesiologia [estudo do movimento do corpo humano] fez testes musculares que provam que isso é verdade.[8] Quando nascemos de novo, as mentiras são incompatíveis com aquele que é a Verdade. Verdade é mais do que ser verdadeiro; trata-se de elevar nossa alma e submeter nossa vontade a nosso Senhor e Salvador, que é a Verdade.

Em sua obra *Senso comum*, o filósofo e ativista político Thomas Paine escreveu: "Um longo hábito de achar que algo não é errado cria a aparência superficial de estar certo".[9]

Quando mentiras são repetidas com frequência, as pessoas começam a acreditar que falsidades são verdade, mas uma mentira repetida nada mais é do que uma mentira multiplicada, pois a frequência não consegue fazer da mentira uma verdade. Uma mentira sempre será uma mentira. E, assim como não há acordo entre as filhas de Deus e os dragões, também não pode haver acordo entre a mentira e a verdade. Jesus é o Senhor da verdade e da luz, e Satanás é o tenebroso senhor das mentiras. Não há interseção nisso. Mentiras são como um cobertor escuro que tenta esconder a luz, mas a verdade é a luz que revela o que é certo e bom.

## Não escolha de que lado ficar, escolha a verdade

Já fomos avisadas:

> Esteja ciente de que, nos últimos dias, a cultura da sociedade se tornará extremamente difícil. As pessoas serão egocêntricas, amantes de si mesmas e obcecadas por dinheiro. Elas se gabarão de grandes coisas ao desfilarem com orgulho e arrogância, zombando de tudo o que é certo. Elas vão ignorar as próprias famílias. Serão ingratas e perversas. Ficarão viciadas em fofocas maldosas e cheias de ódio. Escravas de seus desejos, serão ferozes, briguentas e odiadoras do que é bom e certo. (2Timóteo 3:1-3, tradução livre)

Acredito que os dias difíceis já chegaram. A degradação sempre começa com o enfraquecimento sistemático de estruturas e verdades. John e eu raramente recebemos uma "palavra" (uma profecia, como dizem alguns); porém, quando recebemos, costuma ser algo difícil de ouvir. Quando estávamos com trinta e poucos anos, um pastor nos chamou à parte e disse o seguinte: "Deus quer que vocês se coloquem na brecha e declarem a verdade. E, porque ele os chamou a fazer isso, vocês serão atacados de todos os lados".

> "DEUS QUER QUE VOCÊS SE COLOQUEM NA BRECHA E DECLAREM A VERDADE."

Então, eu pensei: *Puxa, que péssimo!* Não me incomodei com a primeira parte, mas a segunda era assustadora. Afinal, quem quer ser atacado de todos os lados? Eu era uma jovem mãe que

# A disputa pela mulher

queria segurança e conforto. Olhando para trás e analisando os últimos trinta anos de nossa vida, percebo que aquele pastor não estava enganado. E também me pergunto se essa não é uma mensagem atual para *todas nós*.

> Se, porém, não agrada a vocês servir ao SENHOR, **escolham hoje a quem irão servir**, se aos deuses que os seus antepassados serviram além do Eufrates, ou aos deuses dos amorreus, em cuja terra vocês estão vivendo. Mas eu e a minha família serviremos ao SENHOR. (Josué 24:15, grifo da autora)

Escolha hoje. Não escolha um lado, escolha a quem você vai servir. O Senhor que escolhermos é que determinará de que lado estaremos. Não existe posição neutra; portanto, você precisa fazer uma escolha. Caso se recuse a escolher a quem vai servir, a escolha será feita em seu lugar.

Escolher de qual lado ficar sempre é mais fácil. Somos rápidos em pensar o pior dos outros e lentos em pensar o melhor deles, mas é hora de mudarmos isso. No fim de semana inesquecível em que o caso Roe *versus* Wade foi decidido, eu estava em Fort Worth em uma grande reunião de mulheres que acreditavam que essa decisão era uma resposta de oração e algo a ser comemorado. As mais de mil mulheres que estavam naquele encontro choraram, dançaram, oraram, condoeram-se e se alegraram. Postei aquela explosão de louvor várias vezes em meu *feed* e nos *stories* do Instagram, a única plataforma de rede social na qual eu interagia. Peguei o voo para casa no dia seguinte, desliguei o celular e me concentrei no casamento do meu último filho, em sua linda noiva e nos amigos e familiares que tinham viajado de avião para celebrar com eles.

Porém, enquanto assistíamos aos noivos fazendo seus votos, uma mulher defensora da feminilidade bíblica começou a atacar e criticar as pessoas que não haviam postado aquele

LUTANDO PELA VERDADE

acontecimento em sua rede social preferida. Eu não fui a única a ser criticada; ela criticou várias pastoras, inclusive uma que estava fora do país e outra que estava se recuperando de uma cirurgia.

Por que estou contando isso?

Porque uma coisa é a cultura se comportar dessa maneira divisiva e destrutiva, e outra coisa bem diferente é os filhos do reino agirem dessa maneira. Paulo advertiu a igreja da Galácia:

> Mas, se vocês se mordem e se devoram uns aos outros, cuidado para não se destruírem mutuamente. (Gálatas 5:15)

É melhor fechar a boca do que morder e devorar. É melhor largar as pedras no chão e cair de joelhos. Essas pessoas não são minhas servas; elas são servas de Deus, e ele sabe como lidar com suas servas. Então, em vez de julgar a motivação alheia, precisamos respirar fundo, orar, pensar o melhor dos outros e entregar o assunto ao único que conhece seus pensamentos e intenções. Em resumo, em vez de escolher lados, vamos escolher a verdade.

Vemos uma interessante ilustração disso no livro de Josué. Após quarenta anos vagando pelo deserto, a nação de Israel estava prestes a entrar em sua terra prometida. Eles haviam cruzado o rio Jordão e se preparado, e agora estavam aguardando ordens do que fazer. Josué, seu líder, estava estudando os arredores daquela terra.

> Estando Josué já perto de Jericó, olhou para cima e viu um homem em pé, empunhando uma espada. Aproximou-se dele e perguntou-lhe: **"Você é por nós, ou por nossos inimigos?"**. (Josué 5:13, grifo da autora)

Entendo a pergunta de Josué. Eu mesma já fiz essa pergunta centenas de vezes! Os filhos de Israel estavam saindo de uma fase difícil. Foram enganados, atacados por inimigos, afligidos

## A disputa pela mulher

por serpentes e pestes, e seduzidos por um falso profeta por quarenta anos. O maná parou de cair do céu. Os homens estavam doloridos depois de terem sido circuncidados, e o povo estava agitado, querendo saber o que iria enfrentar. Desse modo, Josué quis saber de que lado aquele homem estava. Contudo, observe a resposta que lhe foi dada:

> "Não sou nem uma coisa nem outra", respondeu ele. "Estou aqui como comandante do exército de Deus, o Senhor."
> Josué ajoelhou-se, encostou o rosto no chão e o adorou. E disse: "Estou às suas ordens, meu senhor. O que quer que eu faça?". (Josué 5:14, NTLH)

Em vez de escolher um lado, o homem declarou a quem estava servindo. Como eu gosto disso! Ele respondeu: "Não sou nem uma coisa nem outra", como quem diz: "Josué, você está fazendo a pergunta errada! Em vez de me perguntar de que lado estou, me pergunte *quem eu sou*. Assim, você entenderá *por que eu estou aqui,* e a hora é agora". Quarenta anos de peregrinação nômade haviam podado e preparado um povo prestes a tomar posse da terra de seus antepassados. Josué prostrou-se com o rosto em terra e adorou. Quando estamos em terra santa, isso é tudo que podemos fazer!

> O comandante do exército do Senhor respondeu: "Tire as sandálias dos pés, pois o lugar em que você está é santo". E Josué as tirou. (Josué 5:15)

Em um mundo que promove a divisão, é hora de tirarmos nossas sandálias. Vivemos nessa terra como uma plantação prestes a ser ceifada por Deus, e nela haverá tanto trigo como joio. Escolha agora e plante com cuidado. Nossas palavras e nossos atos de bondade ou crueldade são sementes que encontraremos no futuro.

Quando os conflitos são resolvidos de maneira santa, é possível haver remissão. Em vez de escolher um lado, convidamos a Verdade (Jesus) a ser o Senhor em todas as situações e conversas. Ao ler as Escrituras, vemos que Jesus não quis ser enredado em discussões religiosas infrutíferas. Ele amava os fariseus, mas não permitiu que eles o distraíssem, e uma das formas de fazer isso foi se recusando a escolher lados. Quando lhe perguntaram se era justo pagar impostos a César, Jesus mostrou uma moeda e perguntou:

**NOSSAS PALAVRAS E NOSSOS ATOS DE BONDADE OU CRUELDADE SÃO SEMENTES QUE ENCONTRAREMOS NO FUTURO.**

> "De quem é esta imagem e esta inscrição?" "De César", responderam eles. E ele lhes disse: "Então, deem a César o que é de César e a Deus o que é de Deus". (Mateus 22:20-21)

Quando questionaram a ética de Jesus e perguntaram por que ele comia com "publicanos e pecadores", nosso Senhor respondeu:

> Não são os que têm saúde que precisam de médico, mas sim os doentes. Vão aprender o que significa isto: "Desejo misericórdia, não sacrifícios". Pois eu não vim chamar justos, mas pecadores. (Mateus 9:12-13)

Isso significa que Jesus come com todas nós, pois todas pecamos. Sua presença não valida nosso pecado, mas ele se senta à nossa mesa para nos convidar à mesa de seu Pai.

Jesus ama a justiça, mas, quando lhe pediram para resolver um conflito, ele foi mais a fundo, diretamente à origem do problema:

> Alguém da multidão lhe disse: "Mestre, dize a meu irmão que divida a herança comigo". Respondeu-lhe Jesus: "Homem, quem

## A disputa pela mulher

me designou juiz ou árbitro entre vocês?" Então lhes disse: "Cuidado! Fiquem de sobreaviso contra todo tipo de ganância; a vida de um homem não consiste na quantidade dos seus bens". (Lucas 12:13-15)

A cobiça facilmente se disfarça de justiça. Nesse caso, um irmão achou que sua parte da herança era menor do que aquela a que ele tinha direito. Entretanto, Jesus não quis se envolver no conflito entre os irmãos, e sim abordar a questão principal, que era proteger o coração daquele homem.

Houve também um problema relacionado a uma pessoa que não fazia parte do círculo íntimo de Jesus e que estava expulsando demônios.

"Mestre", disse João, "vimos um homem expulsando demônios em teu nome e procuramos impedi-lo, porque ele não era um dos nossos". "Não o impeçam", disse Jesus. "Ninguém que faça um milagre em meu nome pode falar mal de mim logo em seguida, pois quem não é contra nós está a nosso favor". (Marcos 9:38-40)

Gosto muito desse detalhe da humanidade de João. Ele ficou incomodado ao ver um estranho usando o nome de Jesus! Ele e os outros discípulos tentaram calar o homem, mas não conseguiram. Jesus disse a João que, ainda que aquele homem não fosse "um dos nossos", ele tinha o mesmo objetivo que eles!

Jesus amava seus discípulos, porém os repreendeu quando quiseram pedir fogo do céu para destruir uma cidade que não recebera o Senhor.

Ao verem isso, os discípulos Tiago e João perguntaram: "Senhor, queres que façamos cair fogo do céu para destruí-los [como Elias fez]?"

Mas Jesus, voltando-se, os repreendeu, dizendo: "Vocês não sabem de que espécie de espírito vocês são, pois o Filho do

LUTANDO PELA VERDADE

homem não veio para destruir a vida dos homens, mas para salvá-los"; e foram para outro povoado. (Lucas 9:54-56)

Essa conversa é um alerta para todas nós. Mesmo quando há precedentes nas Escrituras, podemos ser influenciadas pelo espírito errado. Mais uma vez, isso prova que todas podemos estar muito enganadas ao achar que estamos certas. Como alguém pôde achar que era uma boa ideia pedir a destruição do povo que o Senhor nos mandou salvar? Era como pôr fogo em uma prisão sem antes salvar os prisioneiros.

Jesus amava os samaritanos. Entretanto, em vez de se enredar na questão do verdadeiro local de adoração, ele lhes contou o segredo da verdadeira adoração.

> No entanto, está chegando a hora, e de fato já chegou, em que os verdadeiros adoradores adorarão o Pai em espírito e em verdade. São estes os adoradores que o Pai procura. Deus é espírito, e é necessário que os seus adoradores o adorem em espírito e em verdade. (João 4:23-24)

Em todas as situações, devemos nos perguntar: "Será que estou escolhendo lados ou estou escolhendo o Espírito e a verdade? Estou resgatando ou provocando as pessoas?". Sei que estou pedindo bastante de você, mas há muito a perder se não fizermos isso direito. Em vez de afiar nossos argumentos, vamos orar para que o Espírito Santo nos conceda maior sensibilidade. O dragão decretou a morte sobre esta geração – vamos nos colocar na brecha e proclamar a verdade e a vida.

Vamos orar e pedir que Deus nos dê sua sabedoria.

---

*Pai celestial,*

*Viemos a ti para pedir sabedoria. Em Tiago 1:5, a tua Palavra diz que: "Se algum de vocês tem falta de sabedoria, peça-a a Deus,*

# A disputa pela mulher

*que a todos dá livremente, de boa vontade; e lhe será concedida". Precisamos da tua sabedoria. Obrigada pelo abundante derramamento de teu santo discernimento. Precisamos da ajuda e do conselho de teu Santo Espírito. Agradecemos-te pela promessa do Espírito da verdade. Revela toda área de nossa vida em que temos escolhido lados em vez de escolher o amor e a verdade.*

---

*Para lutar pela verdade...*

- ► O que você pode fazer?
- ► O que você pode parar de fazer?
- ► Pelo que você pode orar?

# 9. LUTANDO PARA ENCONTRARMOS NOSSA VOZ

*A ideia que algumas pessoas têm de liberdade de expressão é que elas são livres para dizer o que quiserem, mas, se alguém retrucar, é uma afronta.*

Winston Churchill

Faz pouco tempo compartilhei um pequeno vídeo sobre a angústia de atletas femininas que estavam acostumadas a treinar e competir com mulheres, mas que agora estavam sendo forçadas a competir com atletas que, biologicamente, eram homens. Era uma linda história sobre um pai que apoiou o sonho da filha de ser a mulher mais rápida de sua época. Vendo sua filha treinar incansavelmente, aquele pai lhe disse: "Nenhuma mulher da nossa época consegue ganhar de você!".

Depois de muitos anos treinando e sonhando, a moça descobriu que seus esforços haviam sido inúteis. As regras haviam mudado e, agora, ela estava competindo com um homem biológico que se identificava como mulher.[1]

Depois daquele pequeno vídeo, houve vários relatos de mulheres superadas por homens biológicos em competições atléticas.

O vídeo não continha julgamentos, não mencionava a palavra "pecado", não incitava ódio ou violência, não chamava as pessoas a tomarem uma atitude, nem era um vídeo cristão.

## A disputa pela mulher

Era um vídeo produzido por um fabricante de relógios, mostrando a atual desigualdade nas competições. Era algo profissional, com o objetivo de levar as pessoas a refletirem. Compartilhei esse vídeo com a seguinte legenda:

Use sua voz e mantenha vivos os sonhos de suas filhas.

Eu queria que as mães defendessem suas filhas e se envolvessem nas atividades atléticas locais. Eu queria que elas vissem o que estava em jogo. Muitas mães e ex-atletas entenderam a mensagem, porém a reação de várias mulheres biológicas me surpreendeu. Elas acharam que eu tinha passado dos limites, e sua fúria contra mim excedeu e muito qualquer empatia que pudessem ter pelas atletas que haviam sofrido aquelas injustiças.

As mais bondosas me disseram para usar minha plataforma apenas para pregar o evangelho, ao passo que as mais irritadas me acusaram de ser transfóbica e manipuladora, e de ter medo da ciência. Fui ameaçada com o juízo de Deus. Elas me agrediram verbalmente com suas contas privadas e me acusaram de bloqueá-las, o que é irônico, pois, obviamente, elas não haviam sido bloqueadas; caso contrário, não teriam conseguido ler minha postagem nem deixar comentários. Grande parte da fúria delas não tinha relação com a impossibilidade de competições justas entre mulheres e homens biológicos; eram opiniões enfurecidas sobre a minha opinião. Assim, por não vermos as coisas da mesma forma, elas me criticaram duramente, tentando me colocar de castigo em um canto.

Provavelmente você percebeu que é permitido repetir coisas que outros disseram, mas não protestar. Quando *tudo é certo,* não se pode chamar *nada* de *errado.* Os únicos que podem ser rotulados de errados são aqueles que pensam haver certo e errado. Enquanto o errado for certo, essas pessoas estarão sempre erradas.

Se você disser algo lógico como "Homens não deveriam competir em esportes femininos", ouvirá comentários como "Deus ama todo mundo". É claro que ele ama, mas o assunto não é esse. O que o amor de Deus tem a ver com atletas homens lesionando e tomando o lugar de mulheres em esportes femininos? Absolutamente nada.

O que aquele vídeo mostrava, e com que eu concordava, é que mulheres trans têm todas as vantagens físicas dos homens. Os homens biológicos têm, em média, 36% mais massa muscular do que as mulheres, ao passo que elas têm porcentagens de gordura corporal duas a três vezes maiores do que eles. Os homens têm ossos maiores e picos de massa óssea mais altos do que as mulheres. Eles são, em média, 15 cm mais altos que as mulheres, mas muitos têm mais de 30 cm de altura em relação a elas. Em termos de força, os homens são maiores e mais fortes que as mulheres, tendo, em média, 12 kg a mais de músculos esqueléticos, 40% a mais de força nos membros superiores e 33% nos membros inferiores em comparação a mulheres com o mesmo nível de condicionamento físico.[2]

Vemos essa questão de superioridade física na prática quando é permitido que mulheres trans participem de competições atléticas que anteriormente se destinavam apenas a mulheres biológicas. Recentemente, um primeiranista que ocupava o 172º lugar em uma competição estudantil estadual passou a se identificar como transsexual e agora é a "segundanista mais rápida" na mesma competição regional, vencendo a segunda competidora, uma mulher biológica, por 98 segundos.[3]

As mulheres trans são como amazonas em comparação às mulheres biológicas. Porém, em muitos casos, trata-se de homens intactos que tiram vantagem da luta dos que realmente têm disforia de gênero em seu próprio benefício.

Houve um caso recente em que um técnico de basquete de Ensino Médio admitiu a derrota do time depois que três de suas

# A disputa pela mulher

jogadoras foram lesionadas por uma única jogadora do time adversário, uma mulher trans de 1,80 m de altura. Na gravação do jogo, eu vi aquelas moças sendo empurradas como se fossem bonecas de pano. Uma das três jogadoras lesionadas se contorcia de dor.[4] Como isso aconteceu? Por que existem pais permitindo que se cometa tamanha injustiça com suas filhas? Acho que isso começa pelo papel que as redes sociais estão tendo em nossa vida.

## Circos, espectadores e pessoas que detêm o poder

Em dezembro de 2019, fui a Roma e visitei o Coliseu com meu filho mais velho, Addison, e sua adorável esposa, Julianna. O vento estava forte e nós íamos para lá e para cá em busca de lugares ensolarados, tentando fugir do frio da manhã, enquanto nosso guia turístico contava a história do monumento. Eu já tinha ouvido aquela apresentação, então deixei minha mente divagar. Não consigo entender como uma cultura avançada o suficiente para construir tamanha estrutura se rebaixou à forma que aquele local foi utilizado.

Houve uma época em que aquela obra-prima da arquitetura ficava lotada com cerca de cinquenta mil pessoas. A entrada era gratuita, e os eventos atraíam pessoas de todas as classes sociais da república romana. Acessos específicos levavam os cidadãos aos locais designados para sua classe social. As massas se reuniam para ver gladiadores ferirem, mutilarem e matarem animais e uns aos outros. Aqueles espetáculos de crueldade perduraram por séculos até que o imperador Honório I pôs fim aos jogos, em 404 d.C.

Não muito longe do Coliseu, ficam as ruínas do Circo Maximus, que já existia antes dele e era o maior ponto de encontro de Roma, com capacidade para acomodar 150 mil espectadores. Lá, havia corridas de bigas, jogos romanos e

## LUTANDO PARA ENCONTRARMOS NOSSA VOZ

combates de gladiadores. Foi ali, no Circo Maximus, que Paulo foi decapitado e Pedro foi crucificado de cabeça para baixo. Foi ali que o imperador Nero martirizou cristãos para se livrar da culpa de ter incendiado Roma. O historiador Tácito escreveu em seus *Anais*:

> Portanto, para pôr fim aos rumores [de que havia incendiado Roma], ele [o imperador Nero] acusou falsamente e puniu com as mais terríveis torturas as pessoas conhecidas como cristãos... Uma grande multidão foi declarada culpada não apenas de incendiar a cidade, mas também de "odiar a raça humana".[5]

Nero teve um surto; o fogo arrasou dez dos catorze distritos de Roma; ele precisava de um bode expiatório; os cristãos eram um alvo fácil porque não participavam da devassidão da cultura romana; então, Nero acusou e prendeu os cristãos; depois de torturados, seus corpos foram incendiados para iluminar o circo. Algo que começou com um surto (e um incêndio) se transformou em ódio coletivo e perseguição ideológica. Por todo o Império Romano, os cristãos e judeus que ousavam viver separados da *cultura* romana foram acusados de ser hostis a ela. O poeta romano Juvenal sugeriu que o povo ficaria satisfeito se recebesse "pão e circo".[6] Antes de acharmos que esse tipo de corrupção, perversidade e derramamento de sangue jamais aconteceria em uma nação democrática, lembremo-nos de que Roma era uma república. Vamos dar um passo atrás e analisar as semelhanças daquela cultura com a nossa.

Além de os cristãos serem rotulados de intolerantes detestáveis, um espírito antissemita mostrou sua carranca novamente. Nossas ruas e universidades estão repletas de ameaças de violência. Há quase vinte anos, as redes sociais deram voz às massas. Com quase cinco bilhões de usuários, o ponto de encontro dessas plataformas superou a capacidade conjunta do Circo

## A disputa pela mulher

Maximus e do Coliseu em 25 mil vezes. O mundo virtual passou a ser um palco para todo tipo de espetáculo, passando a ser o fórum público no qual se fazem julgamentos e se declaram vítimas e vencedores.

As redes sociais não são um lugar ao qual vamos, mas um mundo que carregamos conosco. Porém, será que isso nos tornou mais bondosos, corajosos e compassivos? Infelizmente, não. As estatísticas revelam que estamos menos confiantes e unidos do que nunca. O grande número de conexões virtuais desafia as conexões íntimas. É mais fácil discutir com estranhos do que lidar com conversas difíceis em casa, pois estamos simultaneamente dominados pelas redes sociais e frustrados com nossas vidas.

Nos últimos anos, temos acompanhado de perto coisas que só deveriam ser vistas de longe. Sentimo-nos responsáveis por coisas que estão fora de nosso controle e não temos autoridade para mudar. Todos os dias nos são apresentados mais problemas do que respostas, e essa inundação constante nos deixa exaustos, fazendo-nos imergir em um redemoinho de depressão e raiva.

O circo não chegou à nossa cidade; o circo é a nossa cidade.

Temos assistido passivamente a uma horda de palhaços, acrobatas, equilibristas, malabaristas, mágicos e mulheres barbadas invadindo nossos lares. O circo tem atrapalhado nossos locais de trabalho, debilitado nossas escolas e zombado de nossas casas de adoração.

Nero cancelou os cristãos e os nazistas cancelaram os judeus. Quando um grupo é separado de sua comunidade, é fácil destruí-lo. Os cidadãos romanos e alemães viram seus vizinhos perderem a dignidade e os meios de sobrevivência. Eles viram atos desumanos bem de perto; nós os vemos em telas e corremos um risco ainda maior de nos tornar meros espectadores.

Imagine como as vítimas do Circo Maximus se sentiam ao ver que estavam cercadas por uma arena de pessoas que, sendo muitas, poderiam ter subjugado as ações de Nero. O que teria acontecido se ninguém quisesse ir ao Coliseu nem ao Circo Maximus? Talvez não tivessem aguardado quatrocentos anos para acabar com esses jogos. Mas isso não aconteceu. Ainda que os romanos não gostassem do que viam, eles comiam seu pão e continuavam assistindo, agradecidos por aquilo não estar acontecendo com eles. Cedo ou tarde, a crueldade e a injustiça que toleramos por serem cometidas em relação a outras pessoas chegarão até nós. Elie Wiesel, sobrevivente do Holocausto e vencedora do Prêmio Nobel, escreveu:

> O que mais fere a vítima não é a crueldade do opressor, mas o silêncio do espectador.[7]

Quantas vezes precisamos ouvir isso até acreditar? Eu vi pessoas que respeito se encolherem diante da voz acusadora de alguns porque a maioria não quis defendê-los. Mesmo que, em tese, não concordemos uns com os outros, vamos nos ajudar na prática. Uma teoria da concordância é inútil. Eu sei que é mais fácil ficar em silêncio. A intimidação é uma ferramenta terrivelmente bem-sucedida, e por isso é tão utilizada. Não deixe que ela encolha sua vida e restrinja sua voz.

> NÃO DEIXE QUE A INTIMIDAÇÃO ENCOLHA SUA VIDA E RESTRINJA SUA VOZ.

## Uma espada de dois gumes

Mulheres de todas as idades têm sido ameaçadas por uma espada de dois gumes: de um lado, elas são sistematicamente sexualizadas e, do outro, são silenciadas. Enquanto a cultura sexualiza as mulheres, alguns indivíduos na igreja trabalham duro para silenciá-las. É triste ver isso na igreja, que deveria

## A disputa pela mulher

estar ajudando suas filhas a encontrarem sua voz e aprimorá--la. Deus nunca nos teria dado voz se quisesse que ficássemos em silêncio. Sei que algumas mulheres têm feito mau uso de sua voz, mas há homens que fazem a mesma coisa. Então, o que devemos fazer é ajudar as mulheres a encontrarem sua voz e usá-la da maneira certa, pelos motivos certos. Ninguém tem o direito de tirar a voz de nossas filhas. Esse não é um convite para usarmos nossa voz contra outras pessoas, mas, sim, um chamado par recuperarmos nossas vozes a favor das mulheres. Não se trata de culpar ninguém, mas de recuperar o nosso lugar.

Certo, e para onde vamos daqui em diante?

Nossos filhos e nossas filhas precisam que falemos em seu favor. Nossa nação precisa que oremos. Nossas famílias precisam de cura. Nossos maridos precisam do nosso respeito. As pessoas precisam do nosso amor.

Precisamos nos lembrar do que significa ser mulher. Não podemos continuar a ser apenas espectadores. Como brincou um filósofo:

Flocos de neve não se sentem responsáveis por avalanches.[8]

Se for verdadeiro o provérbio "As pessoas seguem os corajosos", vamos dar aos outros exemplos a serem seguidos, em vez de viver presas às opiniões de estranhos. Acredito que começamos a recuperar nossa voz quando conversamos com pessoas vivas e reais. Mulheres demais perderam sua voz. Sei que algumas conversas são difíceis se você não sabe com quem está falando. As redes sociais raramente são um lugar seguro. Mas e quanto à sua casa, à sua igreja e ao seu grupo de estudo? Por isso tenho feito sessões intensivas on-line e presenciais, para que as pessoas possam conversar e fazer perguntas publicamente, sem medo. Há muita confusão e informação conflitante acerca do que significa ser mulher. Às vezes, encontrar sua voz é simplesmente dizer não.

## Simplesmente dizer não

Basta dizer um simples não, sem se explicar ou se justificar.

Dizer não a pessoas e práticas tóxicas nos permite dizer sim às saudáveis.

Dizer não a escolhas insensatas abre caminho para escolhas mais sábias.

Dizer não à ignorância é dizer sim ao conhecimento.

Ninguém tem o direito de impedir você de dizer não; nosso Deus Todo-Poderoso nos capacita a fazer escolhas.

Se você não é livre para dizer não, significa que nunca foi livre para dizer sim. De forma recíproca, se você só é livre para dizer sim, então quer dizer que nunca teve escolha. O estado atual de liberdade de expressão é apenas uma permissão para concordar com o que os outros dizem.

Discordar não significa que você seja grosseira; concordar não significa que você seja gentil. Além disso, você tem todo o direito de dizer não a coisas absurdas e abusivas.

### Dizendo não a coisas absurdas

Em 2021, fiz uma breve viagem sozinha em um avião da Southwest quase vazio. Escolhi um assento ao lado da janela, nas fileiras da frente, e me acomodei ali. Pouco tempo depois, uma mulher escolheu o assento do corredor na mesma fileira. Havia um assento vazio entre nós e eu disse que ela podia usar o espaço para a bagagem debaixo dele para colocar sua mala. Ela me agradeceu.

— Por nada — respondi.

A mulher deve ter reconhecido minha voz, porque era a única maneira de adivinhar quem eu era, já que ambas estávamos com máscaras [em virtude da pandemia].

— Você é a Lisa Bevere?

— Sou, sim.

## A disputa pela mulher

Ela se apresentou e disse que já tinha me ouvido pregar algumas vezes. Conforme fomos conversando, a mulher contou que era italiana como eu e que estava voltando para casa após uma inquietante visita a seu pai em Chicago. Ela estava cansada e preocupada com ele e sua mãe.

Algum tempo depois, nossa conversa ficou mais leve e começamos a rir das maluquices de ser criado em uma família italiana. Não estávamos falando alto, mas estávamos alegres, e foi então que uma mulher na fileira de trás sacudiu nosso banco e nos mandou calar a boca. Minha colega parou o que estava dizendo e ficou quieta. Fui pega de surpresa com a atitude da outra mulher, mas não me intimidei. Virei-me para trás, olhei por cima do assento e disse a ela:

— Não.

Desde que a pandemia começou, aquela era uma das primeiras vezes que eu estava tendo um pouco de alegria, conversa e amizade durante um voo. E, definitivamente, eu não iria deixar que uma mulher irritada tirasse aquilo de nós. Minha irmã italiana ficou boquiaberta.

Continuei a falar com a outra:

— Você pode usar fones de ouvido ou procurar outro assento. Esse voo está praticamente vazio e há muitos lugares disponíveis.

Ela se recusou. Tinha esquecido seus fones e estava viajando com amigos, então não trocaria de lugar. Assim, a mulher italiana e eu baixamos um pouco a voz e continuamos a conversar.

Mas logo a mulher sacudiu nosso banco de novo e gritou:

— Calem a boca!

Deu para sentir a agressividade dela. Era uma mulher relativamente gorda e estava espremida entre duas mulheres felizmente distraídas, que estavam assistindo a filmes.

— Não — repeti tranquilamente, virando-me para trás.

Ela começou a brigar comigo, gritando que eu era egoísta, insensível e grosseira. Àquela altura, a comissária de bordo apareceu e perguntou:

— Algum problema?

— Ela quer que nós paremos de conversar — expliquei.

— Bem, vocês não são obrigadas a fazer isso — disse-nos a comissária.

Irritada, a mulher ficou quieta. Ao desembarcarmos, minha nova amiga ficou perto de mim, com medo de que a outra tentasse me agredir.

Só para esclarecer, eu sempre viajo de avião. Aquele não era um voo noturno, com pessoas dormindo, e duraria apenas uma hora. O pedido daquela mulher era um absurdo. Não era culpa nossa que ela tivesse esquecido seus fones de ouvido e não quisesse mudar de lugar. Em outras palavras, você tem todo o direito de dizer não a coisas absurdas.

## Dizendo não a coisas abusivas

Quando uma mulher se cala diante de coisas pequenas, é quase impossível manifestar-se diante de coisas grandes. Ao longo da vida, já ouvi muitas e muitas histórias de moças que foram sexual ou emocionalmente abusadas por pais, irmãos e amigos da família. Em quase todos os casos, as mães não acreditaram nelas ou, mesmo sabendo o que estava acontecendo, não as protegeram. Algumas dessas mães estavam tão arrasadas que nem sabiam o que fazer; outras tinham medo de fazer algo e ser prejudicadas depois. Já as mães que tinham sido vítimas de abuso geralmente se sentiam impotentes e, assim, não conseguiram proteger a si mesmas nem suas filhas.

Além dessa versão triste, existe a versão cruel da história: mães que preferiram proteger sua própria reputação à de suas filhas. São aquelas mulheres que escondem ou minimizam o abuso. Em um documentário recente, os pais de duas meninas que eram abusadas sexualmente pelo irmão disfarçaram a história dizendo que era apenas curiosidade dele e que elas estavam dormindo, mas esse tipo de covardia tem de acabar.

A disputa pela mulher

Sei que é assustador confrontar qualquer tipo de abusador, e não consigo nem mesmo imaginar a dor do abuso sexual de uma criança dentro de sua própria família. No entanto, outra geração de crianças não pode ser escravizada por causa das algemas de nosso passado. Essa luta por feminilidade significa que não podemos mais criar desculpas para nenhum tipo de abuso. Mães de verdade protegem suas filhas, mesmo que, para isso, tenham de denunciar seu marido, filho, parente ou amigo.

## Como discordar de forma amorosa

Não muito tempo atrás, meu cabeleireiro preferido sumiu. Eu frequentava o salão dele havia anos e apreciava muito a nossa amizade. Ele costumava me contar um pouco de sua vida e de seus problemas, e eu sabia que ele tinha um namorado e que os dois haviam crescido na igreja.

Certo dia, eu não o encontrei no salão e mandei uma mensagem no celular para saber se estava tudo bem com ele. Felizmente, estava. Perguntei aonde ele tinha ido e por que não me contara. Meu cabeleireiro explicou que faria uma cirurgia para ser mulher e sabia que eu não concordaria com sua decisão. Respondi que o fato de eu estar casada há quarenta anos provava que eu era capaz de amar uma pessoa mesmo não concordando sempre com ela. A meu ver, discordar em uma área não significava acabar com o relacionamento em todas as áreas. Marquei um encontro com ele. Quando nos vimos face a face, eu disse que estava preocupada que ele estivesse tomando uma decisão irreversível que talvez não resolvesse seu desejo de ser amado e da qual poderia se arrepender mais tarde. Ele me ouviu e eu o ouvi. O que houve entre nós foi pura amizade e continuei a vê-lo até me mudar de cidade.

Como escritora e pastora, sou amiga de pessoas que discordam de mim. Discordar não significa se afastar da outra pessoa e não ser mais amiga dela, até porque amizade e casamento

LUTANDO PARA ENCONTRARMOS NOSSA VOZ

se baseiam em respeito mútuo, não em concordância total. Viajando de avião, tive inúmeras conversas com desconhecidos sobre inúmeros assuntos, desde religião até política, e raramente concordávamos em tudo. Contudo, ao final do voo, apertávamos as mãos e, na maioria das vezes, pegávamos o contato um do outro. Se isso pode acontecer entre estranhos, deveria acontecer entre familiares e amigos. Quando ouvimos e respeitamos as pessoas, conversar com elas é um presente que nos ajuda a pensar, crescer e aprender, mesmo que continuemos discordando. Encontrar nossa voz depende de oferecer nossa amizade a outras pessoas.

Ao longo de nosso casamento, John e eu discordamos sobre várias coisas. Em algumas, agora concordamos, mas, em relação a outras, talvez nunca concordemos. Porém, isso não altera nosso compromisso um com o outro. Nem eu nem ele queremos perder nosso relacionamento para ganhar uma discussão. Não acredite na mentira de que discordar de alguém é o mesmo que não ser amigo dele e não permita que as desavenças criem inimigos. Em vez disso, insista em seus relacionamentos com bondade.

> **NÃO ACREDITE NA MENTIRA DE QUE DISCORDAR DE ALGUÉM É O MESMO QUE NÃO SER AMIGO DELE.**

Não obstante, se você não conseguir discordar de outra pessoa de maneira amorosa e respeitosa, faça uma pausa. Queremos que as pessoas nos ouçam, não que sejam feridas por nós. Para isso, precisamos de um espírito de amor e verdade. As pessoas têm perguntas que requerem respostas honestas, mas amorosas, e Jesus nos dá o exemplo em Marcos 10:21.

> Jesus olhou para ele [o jovem rico] e o amou. "Falta uma coisa para você", disse ele. "Vá, venda tudo o que você possui e dê o dinheiro aos pobres, e você terá um tesouro no céu. Depois, venha e siga-me."

## A disputa pela mulher

Antes de falar com esse jovem, Jesus olhou para ele, ouviu-o e o amou. Ele mostrou o que estava mantendo aquele rapaz preso e, ao mesmo tempo, convidou-o a experimentar a liberdade da generosidade. Jesus sabia qual era o obstáculo que os impedia de seguirem juntos. O jovem foi embora triste, mas alguns estudiosos da Bíblia afirmam que, mais tarde, ele voltou como discípulo do Senhor. Verdades e mudanças difíceis sempre se tornam mais fáceis quando existe amor. Em geral, o ponto de discordância não é óbvio, e meu ponto de vista discordante mudou quando provei da misericórdia e do amor de Deus, sabendo que eu merecia seu juízo. Creio que, no fim das contas, o que as pessoas querem é um senso de pertencimento. Conformamo-nos com pequenas coisas quando temos medo de que nosso desejo por grandes coisas seja impossível. Aceitamos nos alinhar com a cultura, mas estamos desesperadas para nos alinhar com o céu. Cada uma de nós foi criada para uma identidade alinhada com Deus. Mais uma vez, vemos espírito e verdade agindo em João 3:16-17.

> Porque Deus tanto amou o mundo que deu o seu filho Unigênito, para que todo o que nele crer não pereça, mas tenha a vida eterna. Pois Deus enviou o seu Filho ao mundo, não para condenar o mundo, mas para que este fosse salvo por meio dele.

Deus deu seu Filho para que pudéssemos nos identificar com ele. O Senhor deu, quando só sabíamos tirar. Ele voltou seu rosto para nós muito antes de nos voltarmos para ele. Nosso Pai nos deu seu Filho unigênito quando ainda éramos inimigos. Foi a bondade de Deus que nos conduziu ao arrependimento.

Hoje é um ato de coragem dizer que mulheres são apenas as biológicas. Não deveria, mas de repente passou a ser. Você será acusada de manipulação, preconceito, difamação, fobia sem sentido, parcialidade e ódio. Desse modo, é sua responsabilidade mostrar que nenhuma dessas acusações é verdadeira. Se não tivermos cuidado, podemos até estar certas, mas ter a motivação errada. O ódio é mais fácil do que o amor; e o orgulho, mais fácil do que a humildade. A bondade requer esforço; a crueldade é mais simples de aprender. Guardar seu coração é mais importante do que entrar em discussões. Quando for criticada por coisas que você não fez, não critique os outros pelas coisas que fizeram. Discípulos de Cristo não revidam. Tiago 1:19 diz:

> Meus amados irmãos, tenham isso em mente: Sejam todos prontos para ouvir, tardios para falar [ou postar] e tardios para irar-se.

Dar uma resposta rápida aos outros pode ser a pior coisa a fazer. Aprendi essa lição do jeito mais difícil. A seguir, temos algumas alternativas melhores:

## Ir para outro lugar

Desligue-se. Respire fundo, largue o celular, desligue o computador e simplesmente vá para outro lugar. É mais fácil se desligar de conflitos on-line; ninguém está obrigando você a responder a um comentário, então não responda. Se o conflito for presencial, vá beber um gole d'água, vá ao banheiro ou diga calmamente que vai dar uma volta. Ir para outro lugar muda o clima da situação. Você não explode, e ninguém fica gritando da cozinha! Seu lar é seu mundo real. Seu celular é seu mundo virtual. E as palavras são combustível tanto para incêndios reais como para incêndios virtuais. Então, pare de jogar lenha na fogueira.

> Sem lenha, a fogueira se apaga; sem o caluniador, morre a contenda. (Provérbios 26:20)

Longe do caos, aumenta a probabilidade de você ouvir o Espírito Santo. Não há problema algum em pedir licença para

## A disputa pela mulher

sair de uma conversa e falar com seu Conselheiro. Você tem permissão de sair das redes sociais por alguns dias. Não deixe que desconhecidos e ogros tirem a sua paz. Se, por algum motivo, você não puder sair das redes sociais, lembre-se de que aquela página é sua e que nela todos os outros são apenas convidados. Você tem todo o direito de restringir ou bloquear convidados agressivos e desagradáveis, e pode deletar ou desabilitar comentários. E, para o bem de sua alma, mantenha-se longe de bate-papos polêmicos. Isso dificultará que você perca tempo discutindo e a libertará para ter conversas de verdade.

As redes sociais estão cheias de ogros que gostam de causar confusão. Alguns querem enganar você para ganhar dinheiro; outros querem roubar sua energia emocional. Não se envolva com eles, pois dragões e ogros têm prazer em fazer você cair em armadilhas feitas de mentiras escandalosas, misturadas com pedacinhos de verdade.

O principal objetivo deles é causar dano ao seu espírito. Seu coração é mais importante do que sua reputação, portanto não comprometa seu coração. O Espírito Santo lhe dará poder para ser amorosa quando enfrentar o ódio, e coragem quando enfrentar ameaças. Porém, até mesmo Davi se desviou quando Saul começou a arremessar lanças contra ele. Enquanto recupera sua voz, guarde este versículo na mente:

> Que as palavras da minha boca
> e a meditação do meu coração
> sejam agradáveis a ti,
> SENHOR, minha Rocha e meu Resgatador! (Salmos 19:14)

### Erga-se – por si mesma e pelas outras pessoas

Duas de minhas netas ficaram comigo para jantar, e eu fico muito contente quando isso acontece. No começo da semana, meu filho contou que um menino havia dito algo maldoso a uma delas e, enquanto jantávamos, conversamos sobre isso. Eu disse à minha neta que, quando eu tinha a idade dela, passei por algo parecido. No entanto, havia uma grande diferença entre a história dela e a minha: eu fiquei arrasada, mas ela mal se abalou. Antes que pudesse responder ao menino que a tinha ofendido, outra menina da classe disse que ele estava errado. Que Deus nos dê a coragem dessa menina! Chamar um valentão de valentão não faz com que ele pare de agir dessa forma, mas falar a verdade, sim.

Sua voz é sua primeira linha de defesa, e é por isso que o inimigo quer calá-la. Quando uma mulher é atacada, a última coisa que o agressor quer é que ela grite. Não estou dizendo para você gritar, mas é hora de sair da prisão do silêncio. Talvez você nunca tenha perdido sua voz, porém, por se sentir frustrada, pode ter feito mau uso dela. Eu mesma já cometi esses dois erros, mas não podemos mais ser negligentes, silenciadas ou desorientadas. A luta pela mulher é um compromisso de usar nossas vozes e escolhas de maneira construtiva, a favor tanto de homens como de mulheres. Você não é obrigada a ir a circos sociais. Vamos falar para sermos ouvidas, e eu creio que isso começa pelo modo de falarmos umas com as outras. Em outras palavras, somos capazes de discordar sem gritar.

Até aqui, falamos sobre interagir com pessoas, mas agora quero lhe contar um segredo: sua voz é mais produtiva e tem mais poder quando é erguida em oração.

> Quero, pois, que os homens [e as mulheres] orem em todo lugar, levantando mãos santas, sem ira e sem discussões. (1Timóteo 2:8)

Sei que esse versículo fala especificamente de *homens*, mas tenho certeza de que Paulo também queria que as mulheres orassem. Erguer as mãos a Deus é um gesto de rendição, e simboliza entregar tudo a ele. Já fiz orações irritadas no passado;

# A disputa pela mulher

em geral, elas envolvem minha vontade ou minha frustração. O Senhor consegue interpretar as bobagens que dizemos, mas a ira não revela o melhor de ninguém. Ele deseja que os conflitos entre nós sejam resolvidos, para que possa agir por intermédio de nós. Então, em vez de julgar, vamos pensar o melhor umas das outras e proclamar a fidelidade de Deus.

> Antes de tudo, recomendo que se façam súplicas, orações, intercessões e ações de graças por todos os homens; pelos reis e por todos os que exercem autoridade, para que tenhamos uma vida tranquila e pacífica, com toda a piedade e dignidade. (1Timóteo 2:1-2)

Não devemos ficar escolhendo por quem orar, tampouco devemos orar apenas por umas poucas pessoas ou apenas por nossa nação. Temos o privilégio de orar por todas as pessoas. Com a feminilidade em jogo, nossas filhas e nossa nação precisam de cura, e a confissão e a cura começam a partir de nós. Tiago 5:16 diz:

> Portanto, confessem os seus pecados uns aos outros e orem uns pelos outros, a fim de que vocês possam ser curados. A oração fervorosa de um homem justo tem grande poder e resultados maravilhosos. (NBV)

A oração fervorosa é aquela feita com base nas Escrituras, pois não há nada mais poderoso do que orar e cantar as palavras de Deus. Não devemos permitir que a cultura molde nossas orações quando Deus já nos deu orações do reino. Uma das orações que Jesus nos ensinou está em Lucas 11:2-4.

> Ele lhes disse: "Quando vocês orarem, digam: 'Pai! Santificado seja o teu nome. Venha o teu Reino. Dá-nos cada dia o nosso pão cotidiano.

LUTANDO PARA ENCONTRARMOS NOSSA VOZ

Perdoa-nos os nossos pecados, pois também perdoamos a todos os que nos devem. E não nos deixes cair em tentação'".

A versão dessa oração em Mateus 6:9-13 vai um pouco além:

Vocês, orem assim: "Pai nosso, que estás nos céus! Santificado seja o teu nome. Venha o teu Reino; seja feita a tua vontade, assim na terra como no céu. Dá-nos hoje o nosso pão de cada dia. Perdoa-nos as nossas dívidas, assim como perdoamos aos nossos devedores. E não nos deixes cair em tentação, mas livra-nos do mal [porque teu é o Reino, o poder e a glória para sempre. Amém]".

E Mateus 9:37-38 nos diz:

Então disse aos seus discípulos: "A colheita é grande, mas os trabalhadores são poucos. Peçam, pois, ao Senhor da colheita que envie trabalhadores para a sua colheita".

O inimigo sempre ataca pouco antes da colheita, porque quer roubar as almas que pertencem a Deus. A oração é um privilégio, e nós precisamos das orações que vocês farão com suas vozes.

---

- ▸ Em que área você perdeu sua voz?
- ▸ O que você pode fazer para recuperá-la?
- ▸ Qual oração você pode fazer?

# 10. LUTANDO PELO SENSO COMUM E POR UMA LINGUAGEM EM COMUM

*A sociedade está em decadência – passageira ou definitiva – quando o senso comum se torna realmente incomum.*

G. K. Chesterton

Pouco tempo atrás, fiquei de babá de quatro dos meus netos durante oito dias, enquanto os pais deles viajavam para conhecer o Reino Unido. Choveu todos os dias, o que criou várias oportunidades de conversar com os dois meninos e as duas meninas, com idades de cinco a doze anos. A certa altura, minha neta de sete anos contou que uma antiga vizinha chamada Sara cortou o cabelo, mudou de escola, e agora seria um menino chamado Sam.

Fiz uma pergunta a ela:

— Se eu vestisse uma fantasia de girafa e dissesse que sou uma girafa, eu seria uma girafa de verdade?

Ela fez uma careta e respondeu:

— Você é muito baixinha para ser uma girafa.

Errada, ela não estava. Tentei contornar a situação:

— E se eu dissesse que sou uma girafa baixinha?

— Que bobeira! — disse ela.

## A disputa pela mulher

— Então, se a Sara cortou o cabelo, isso significa que agora ela é um menino?

Minha neta parou, pensou um pouco e respondeu:

— Não.

— Por que não? — perguntei.

— Você sabe o porquê — sussurrou ela.

— Não sei, não. Por quê? — insisti.

Ela apontou para baixo e disse:

— A parte de baixo dela!

Deixei a conversa parar por ali. Não falamos de DNA nem da diferença entre gênero e sexo biológico. Trabalhei com os detalhes que minha neta mencionou porque era com isso que ela se sentia confortável para conversar. Não havia necessidade de sexualizar nem de aumentar a carga emocional da conversa. Supus que ela já havia conversado sobre aquele assunto com seus pais e sabia a resposta antes de conversar comigo. Ela estava me testando. Porém, eu jamais imaginaria ter esse tipo de conversa com uma menina de sete anos.

Vamos começar com uma definição:

> **senso comum**: julgamento saudável e prudente baseado em uma simples percepção da situação e dos fatos.[1]

Acho interessante que alguns sinônimos de *senso comum* são: *discrição, sabedoria, prudência, sensibilidade* e *senso*. Outra maneira de ver essa expressão é como um senso comunitário, algo com que a maioria das pessoas concorda.

Porém, Voltaire lamentava que "senso comum é algo muito raro".[2]

Eu também lamento. A insensatez é cada vez mais aceita como a norma, mas, quando as palavras estão em constante mudança, o chão debaixo de nossos pés continua a se mover. Afastamo-nos muito da trilha e perdemos o senso de direção, e isso é perigoso, pois, na vida e nas rodovias, é bom ter guarda-corpos delimitando e protegendo o caminho. Desde tempos imemoriais, elementos binários nos ajudaram a definir os limites da vida. Em agosto de 2016, Phylis Schlafly, advogada formada em Harvard, declarou o seguinte:

> Quem tem filhos sabe que as crianças conhecem o mundo por meio de opções binárias: para cima ou para baixo, quente ou frio, grande ou pequeno, dentro ou fora, molhado ou seco, bom ou mau, menino ou menina, homem ou mulher. No entanto, as feministas radicais, que estão a cargo dos departamentos de estudos femininos na maioria das faculdades, propagaram a ideia de que temos de nos livrar da "binaridade de gênero", bem como da expectativa de papéis distintos para homens e mulheres.[3]

Mesmo que você não concorde com todas as visões políticas de Schlafly, esse alerta tem-se mostrado real. Será que podemos concordar que conceitos como "para cima ou para baixo, esquerda ou direita, quente ou frio" são úteis, e não perigosos? Por que as feministas radicais querem substituir o senso comum da binaridade de gênero por uma não binaridade cada vez maior? Quando desconstruímos crenças comumente aceitas, estamos prestes a desconstruir as bases de uma cultura.

Nosso crescimento é maior quando aprendemos *como* pensar, em vez de os outros nos dizerem *o que* devemos pensar. Informações são inúteis sem contexto, discernimento e senso comum. Uma das coisas mais cruéis que podemos fazer é induzir nossos filhos a duvidarem de si mesmos, mesmo quando somos os únicos a nos despir do senso comum. Como ouvimos tanto falar sobre limites saudáveis, mas estamos permitindo que uma cultura confusa derrube os guarda-corpos do senso comum e de nossos filhos?

Se não nos levantarmos a favor de nossos filhos, eles terão de se levantar em favor de si mesmos. O poema *I am not a dress* [Eu não sou um vestido] foi escrito e declamado por uma menina

## A disputa pela mulher

irlandesa de catorze anos, a fim de combater os absurdos que encontrava ao seu redor. Os versos viralizaram na internet, e transcrevo aqui alguns deles:

> Somos mulheres, somos guerreiras de ferro
> Homem nenhum jamais sentirá como é ser mulher
> Ser mulher não é uma habilidade que os homens podem
> desenvolver
> Mulher é uma palavra nossa e somente nossa
>
> Eu não sou um vestido a ser usado por capricho
> Um homem de vestido não deixa de ser homem
> Não somos mulheres apenas pelo que vestimos
> Se isso ofende você, eu não ligo.[4]

Vale a pena ler o poema completo, pois o que ela disse é o clamor de nossas filhas escrito com beleza e arte. Faz sentido que ela tenha publicado esse poema com um pseudônimo, a fim de proteger a si mesma e sua família de retaliação. Mas onde está o direito dessa menina à liberdade de expressão?

Se até a amada e bilionária escritora J. K. Rowling foi atacada por dizer "Se não existe sexo [biológico], a realidade vivida por mulheres de todo o mundo será apagada",[5] que tipo de retaliação uma menina irlandesa iria sofrer? Estamos vivendo uma época triste em que o senso comum de uma adolescente é mais apurado do que a perspectiva de adultas cultas. Como foi que isso aconteceu? Quando damos as costas para Deus, perdemos nossa identidade – nossa verdadeira identidade, bela e feminina. Somos muito mais do que aparentamos ser. A atual fome de senso comum e o aumento extraordinário da loucura estão complexamente ligados a nosso declínio espiritual.

> Sim, eles conheciam algo sobre Deus, mas não o adoraram nem lhe agradeceram. Em vez disso, começaram a inventar ideias

tolas e, com isso, sua mente ficou obscurecida e confusa. Dizendo-se sábios, tornaram-se tolos. (Romanos 1:21-22, NVT)

Somos uma nação com ideias confusas sobre Deus, ideias que levaram a noções confusas sobre nós mesmas. Romanos continua dizendo:

> Uma vez que consideraram que conhecer Deus era algo inútil, o próprio Deus os entregou a um inútil modo de pensar, deixando que fizessem coisas que jamais deveriam ser feitas. (1:28, NVT)

Quando esse tipo de loucura toma conta de um povo ou de uma nação, Deus os entrega a seus próprios padrões. E o pior é que uma cultura nesse estado de abandono acha que sua loucura é sabedoria.

## Senso comum e compaixão

Alguns meses depois de minha aventura como babá de meus netos, minha neta mais velha mencionou aquele mesmo assunto. Ela conhecia aquela menina como Sara há muito tempo e, certo dia, quando bateu à porta da casa dela e perguntou se poderiam brincar juntas, o pai dela gritou:

— O nome dele é Sam, não Sara! — E bateu a porta na cara da minha neta.

Ela ficou confusa com a irritação do pai da menina, pois achava que a coleguinha era gênero fluido, podendo ser chamada pelos dois nomes.

— Como é a vida dela em casa? — perguntei. — Os pais dela estão juntos?

Minha neta explicou que os pais de Sara se haviam divorciado há pouco tempo.

— Ela deve estar sofrendo — disse eu.

## A disputa pela mulher

— Sim, foi o que meus pais disseram.

O fato de o mundo daquela menina ter sido virado de ponta-cabeça provavelmente foi motivo suficiente para ela sentir a necessidade de assumir uma nova identidade. Talvez Sara esperasse conseguir a atenção e a proteção de seus pais, ou ter um senso de pertencimento em meio à situação dividida e turbulenta de sua família. Não sei o que ela sentiu, mas sei como o divórcio é traumático.

Quando comecei a segunda metade do Ensino Fundamental, meus pais me disseram que iriam se divorciar. A separação deles sacudiu meu mundo inteiro. Minhas notas na escola despencaram, minhas amizades mudaram e meu comportamento se tornou instável. Perdi minhas referências porque não sabia no que ou em quem acreditar. Passei a ser uma adolescente esquisita e me vestia com macacões largos para disfarçar minha falta de forma feminina. Sinto-me mal só de pensar no que iria acontecer se eu estivesse em uma escola pública do mundo atual. Se tivessem dito que nasci no corpo errado, eu provavelmente teria concordado. *Todo o resto* da minha vida parecia terrivelmente errado, então por que eu iria achar que meu corpo estava certo? Se alguém me perguntasse quem eu era naquela fase escolar, eu responderia: um unicórnio. Certamente eu sentia que tinha mais em comum com uma criatura mitológica do que com as meninas da minha turma de educação física. Porém, sentimentos não são fatos.

Agradeço a Deus por ter sido protegida de fazer escolhas vitais na época mais vulnerável de minha vida. Os adultos que eu conhecia me disseram que a estranheza da adolescência iria passar. Se eu tivesse acreditado que estava no corpo errado, teria perdido boa parte de minha vida, pois, mais tarde, meu corpo se mostraria belo e certo. Caso tivesse acreditado que eu seria daquela forma para sempre, teria perdido a esperança. Meu futuro era maior do que aquele com que uma adolescente com a família destruída poderia ter sonhado no Ensino Fundamental. Encontrei amor, tornei-me mãe de quatro filhos e, no momento, sou privilegiada por ter quatro noras queridas e um número cada vez maior de netos.

Infelizmente, minha história nem sempre é a mesma de crianças que se acham confusas em nossa época. Em vez de animá-las dizendo que a sensação estranha e desajeitada de agora se transformará em algo bem diferente na próxima fase da vida, permitimos que elas se sintam presas à sua vida atual. Por acaso nós arrancamos as flores de verão no começo da primavera só porque ainda não floresceram? Não, nós esperamos e as regamos, tiramos as ervas daninhas de perto delas e protegemos seu crescimento. Se fazemos isso com plantas, quanto mais com nossas filhas!

> Há um momento certo para tudo, um tempo para cada atividade debaixo do céu. (Eclesiastes 3:1, NVT)

A estranheza da adolescência não deve ser potencializada a ponto de ser considerada um problema a ser resolvido. Trata-se de uma fase de crescimento e mudança. Os sentimentos desconfortáveis relacionados às mudanças corporais ficam exacerbados quando meninos e meninas são sexualizados em vez de protegidos. As várias avenidas das redes sociais têm confundido esses adolescentes, levando-os para longe de seus pais. E por quê? Lamentavelmente, em geral, por causa de dinheiro. Nelson Mandela disse:

> O verdadeiro caráter de uma sociedade é revelado na maneira que ela trata suas crianças.[6]

Nossas filhas estão perdendo a inocência. Por que estamos permitindo isso?

A disputa pela mulher

## Senso comum, linguagem comum

Contei duas conversas recentes que tive com minhas netas. Tenho certeza de que você já teve conversas em que algo que entendia passou a ser questionado, e podemos ver essa dificuldade em nosso uso da linguagem. Todos os meses somos confrontadas com a maneira de nosso idioma ser usado coletivamente – o que as palavras significam e quem decide seu significado. Faz pouco tempo assisti a uma entrevista em que uma médica chamou mulheres grávidas de "pessoas grávidas". Quando o entrevistador questionou sua terminologia e disse que *mulheres* ou *mães* eram palavras mais precisas do que *pessoas* grávidas, a médica ficou na defensiva e rebateu dizendo que sua escolha de palavras era inclusiva.[7]

A inclusão não deve sobrepujar a exatidão. A expressão "pessoas grávidas" causa confusão. Uma médica sabe que somente mulheres biológicas engravidam. Eu sei que as mulheres são pessoas, mas os homens também são e não ficam "grávidos". Sei que essa foi uma tentativa de incluir mulheres biológicas que se identificam como homens. No entanto, depois de gestar e dar à luz quatro filhos, não estou disposta a dividir o privilégio singular da gravidez com os homens.

A degradação de palavras enfraquece nossa linguagem, o que, por sua vez, enfraquece nossos relacionamentos. Além disso, distorcer o significado de palavras distorce a estrutura de um idioma. Quando o significado das palavras é prejudicado, nossa capacidade de entender e nos comunicar também é. Em um estado de confusão, as pessoas não sabem como se relacionar, e até os filhos ficam confusos em um mundo em que mães não são mulheres.

Creio que a linguagem se tornou uma arma nas mãos de nosso inimigo, a fim de nos dividir, confundir e calar. Uma palavra ou expressão que significava uma coisa no passado agora significa outra bem diferente, e quando isso acontece, as pessoas ficam receosas. Com medo de falar de um jeito errado, elas se tornam "bolhas" ou "câmaras de eco" ideológicas [isto é, ficam repetindo as ideias que uma comunidade dominante criou e censurando as crenças por ela rejeitadas, de modo que são desencorajadas a pensar por si mesmas e desacreditar desinformações óbvias]. Acabei de conferir e a contagem atual é de cerca de cinquenta pronomes de gênero.[8] É bem difícil monitorar esse número cada vez maior de pronomes subjetivos.

A confusão passa a reinar quando as palavras perdem seu significado, e essas desconexões se tornam solo fértil para desavenças, tensões e mal-entendidos.

Em seu livro *1984*, George Orwell introduziu o conceito de *doublespeak* [linguagem dupla], ou seja, uma distorção intencional da linguagem a fim de disfarçar, obscurecer, esconder ou inverter o real significado das palavras [em forma de eufemismos, ambiguidades intencionais e inversões de significado, mascarando a natureza da verdade].[9] Como exemplo, ele usa a seguinte frase: "Guerra é paz, liberdade é escravidão, ignorância é força".[10]

Um de nossos paralelos seria: "Confusão é clareza, errado é certo, mentiras são a 'minha verdade'".

Qual é o objetivo por trás de distorcer uma linguagem ou um idioma? A resposta se resume bem na seguinte frase: "Quem controla a linguagem controla as massas".[11]

Vamos definir *linguagem* para entender como ela é capaz de controlar as massas. Linguagem é "um meio **sistemático** de comunicar ideias ou sentimentos usando sinais, sons, gestos e imagens convencionados, com significados compreensíveis".[12]

O contrário de sistemático é caótico. Por definição, a linguagem se baseia no entendimento comum. O dragão é fluente no caos, que é a difusão de desentendimento e desinformação. Existe uma constante ameaça de quebra de comunicação

# A disputa pela mulher

quando se muda o uso das palavras e dos gestos. Por exemplo: acenar com a mão é um conhecido gesto de reconhecimento e saudação. Porém, o que aconteceria se, de repente, acenar se tornasse um sinal de hostilidade? Aquilo que antes comunicava boas-vindas passaria a ser uma ameaça. Se eu não souber que o significado desse gesto mudou, poderia achar que estou comunicando algo, enquanto todas as outras pessoas acham que estou dizendo outra coisa bem diferente.

As palavras são os blocos de construção da linguagem. Entretanto, quando seus significados se desfazem, isso cria problemas de entendimento e instabilidade em nossas conversas. Quando as palavras são distorcidas, perdemos a ligação com a realidade e a história, e, sem essas amarras, estamos à deriva, em um mar de desentendimento.

> *As pessoas organizam seu cérebro com conversas.*
> JORDAN B. PETERSON[13]

Será que realmente aguentamos ficar com o cérebro desorganizado? Eu, com certeza, não! Meu marido e eu somos comunicadores verbais. É uma bênção poder compartilhar pensamentos, medos, sonhos e ideias com alguém que conhece, ama e quer entender você. Nossas conversas eliminam muita confusão.

Além de ser a forma que nos comunicamos, a linguagem é a forma que aprendemos, trocamos ideias, expressamos emoções, criamos laços significativos, resolvemos problemas, compartilhamos soluções, pedimos ajuda, fazemos e quebramos promessas. Quando o significado das palavras é deturpado, nossos pensamentos também são. Minha mãe costumava me corrigir dizendo: "Entra lixo, sai lixo". Era o modo dela de dizer que aquilo que você deposita em uma conta é o que estará disponível para você sacar.

No inverno passado, cuidei de um de meus netos e, sempre que chegávamos perto da lareira, eu estendia a mão e dizia com firmeza: "Quente!". A partir de então, sempre que ele me vê perto de uma lareira, diz: "Quente!". Entre nós, há um claro entendimento dessa palavra.

Embora algumas palavras se tenham tornado armas, outras podem ser usadas para curar. A linguagem pode criar ou destruir, e as palavras têm o poder de curar ou ferir. Só por esses motivos já dá para ver que as palavras são sagradas.

Em sua dissertação *A política e a língua inglesa*, George Orwell propôs que não há rota mais rápida para a corrupção do pensamento do que a corrupção da linguagem.[14] Suas palavras nos remetem à sabedoria de Provérbios:

> A sabedoria o livrará
> do caminho dos maus,
> dos homens de **palavras perversas**,
> que abandonam as veredas retas
> para **andarem por caminhos de trevas**,
> **têm prazer em fazer o mal**,
> **exultam com a maldade dos perversos**,
> **andam por veredas tortuosas**
> e **no caminho se extraviam**.
> (Provérbios 2:12-15, grifo da autora)

A perversidade da fala leva a caminhos sombrios e à celebração do mal. Mas como as palavras são pervertidas? O dicionário *Merriam-Webster* explica esse processo como deturpar, desorientar, fazer mau uso e mal interpretar.[15] Isso significa que o sentido que uma palavra costumava ter é alterado, modificado, mal utilizado e desorientado, de modo que passa a ser mal interpretada. A linguagem pervertida inicia um êxodo dos caminhos da luz. O profeta Isaías advertiu:

## A disputa pela mulher

> Ai dos que chamam ao mal bem
> e ao bem, mal,
> que fazem das trevas luz
> e da luz, trevas,
> do amargo, doce
> e do doce, amargo! (5:20)

E aqui estamos nós. A lascívia é chamada de amor. Homens são chamados de mulheres. Mulheres são "pessoas grávidas", "pessoas lactantes"* e "sangradoras".** O mal é chamado de bem, e o bem é chamado de mal. Rebelião é liberdade, e tudo que atrapalha a autossatisfação é considerado ódio e escravidão. Em dias de palavras distorcidas, a solução é a volta à Palavra de Deus.

A Torre de Babel é a prova de que o impossível se torna possível quando as pessoas estão unidas em uma só linguagem e em um só propósito. Nosso adversário, o dragão, não é ignorante: ele sabe que a construção daquela antiga torre pagã foi interrompida quando as pessoas não entendiam mais umas às outras. Quando sua linguagem comum foi desconstruída (Gênesis 11), o projeto foi abandonado e os desobedientes foram espalhados. Da mesma forma, o inimigo quer enfraquecer a construção de um templo santo, o Corpo de Cristo.

> Nele [Jesus] somos firmemente unidos, constituindo um templo
> santo para o Senhor. Por meio dele, vocês também estão sendo

---

*Por volta de 2021, foi promovido nos Estados Unidos e Reino Unido o uso dos termos "pessoa lactante", "leite humano" e "perinatal", usados em complementação ou substituição aos termos "mãe lactante", "leite materno" e "maternidade". Isso ocorre principalmente no caso de gravidez de homens trans (que nasceram mulheres e se identificam como homens), que amamentam em seus próprios seios, e de homens biológicos que, assim como as mulheres mastectomizadas, optam por alimentar o bebê por meio de uma sonda próxima ao mamilo, onde oferecem uma fórmula infantil ou leite humano (translactação). (N.T.)

**Em 2022, o termo "sangradoras" (*bleeders*) apareceu em uma postagem no Instagram pela Yoppie, uma fabricante de produtos para o ciclo menstrual, que dizia: "A maioria das sangradoras sabe quanto é impactada por seu ciclo...". A postagem foi rápida e duramente criticada. (N.T.)

edificados [juntos] como parte dessa habitação, onde Deus vive por seu Espírito. (Efésios 2:21-22, NVT)

A Palavra de Deus é o idioma que falamos e que permitimos dirigir o curso de nossas vidas. Contudo, quando as palavras são deturpadas, o texto sagrado é distorcido. Jesus é a Palavra viva, e esse é mais um motivo pelo qual deturpar as palavras é algo tão diabólico. Em 1Coríntios 14, Paulo trata de uma confusão que havia na igreja de Corinto:

> Sem dúvida, há diversos idiomas no mundo; todavia, nenhum deles é sem sentido. Portanto, se eu não entender o significado do que alguém está falando, serei estrangeiro para quem fala e ele será estrangeiro para mim. (v. 10-11)

Paulo estava se referindo à incapacidade de as pessoas entenderem o significado das palavras ditas em outros idiomas (línguas estranhas) nas reuniões cristãs. Enfrento esse mesmo desafio quando prego em outros países. Por não falar nem entender seu idioma, ministro juntamente com um tradutor, a fim de que o que eu digo em inglês seja compreendido. Porém, o que aconteceria se eu dissesse "marido" e o intérprete traduzisse como "namorado"? Eu não teria como saber o que ele disse e todos ficariam confusos com minha fala sem sentido.

> **Fala sem sentido** [em inglês, *nonsense*]: palavras ou linguagem que não têm significado ou que não comunicam ideias inteligíveis; linguagem, comportamento ou ideia que é absurda ou contrária ao bom senso.[16]

Uma fala sem sentido é um ruído incompreensível. Como parte de seu exemplo, Paulo diz:

> Além disso, se a trombeta não emitir um som claro, quem se preparará para a batalha? (1Coríntios 14:8)

## A disputa pela mulher

Sons sem significado geram mais perguntas do que respostas. Quando estão cercadas de sons inarticulados e confusos, as pessoas não sabem como reagir. Aquele era um sinal para atacar ou para bater em retirada? Quando você sabe o sentido daquilo que ouve, reconhece o que deve fazer em seguida.

Talvez você tenha ouvido: "Às vezes, a maneira mais fácil de resolver um problema é parar de contribuir para ele". Eu concordo. Podemos usar uma linguagem precisa sem sermos desagradáveis. Por exemplo: eu jamais me chamaria de "mulher cis", nem chamaria uma mulher grávida de "pessoa gestante". Eu não tenho como controlar a forma de os outros me chamarem, mas vou me referir a mim mesma de acordo com minha biologia feminina. Não há motivo para agir diferente, uma vez que sou mulher.

Todas nós fomos convidadas a participar da deturpação da linguagem e do mau uso das palavras. As pessoas querem que digamos coisas nas quais não acreditamos, coisas que não tínhamos a intenção de dizer, e que usemos palavras confusas e desprovidas de sentido. Aprendi que o melhor dessas práticas é a bajulação e o pior delas é a mentira, e que aquilo que ficar no meio são coisas sem sentido. Chega uma hora em que participar dessa confusão é o mesmo que concordar com ela.

Quando mentir é considerado um ato de gentileza e a loucura é chamada de sabedoria, é hora de sairmos da conversa. A meu ver, ficar em conversas assim é o mesmo que fingir que um dragão é inofensivo e começar a acariciá-lo.

Sabemos que isso é importante, portanto não podemos ser descuidadas com o que dizemos ou escolhemos não dizer. Vamos proteger palavras como *masculino* e *feminino, filho* e *filha, homem* e *mulher, irmão* e *irmã, pai* e *mãe*. Se eliminarmos palavras de nosso vocabulário, elas logo se perderão em nosso mundo. Aquilo que não se ouve não se fala, e aquilo que não se fala não se vê – não por ser invisível, mas por ser algo ou alguém irreconhecível.

## O poder da linguagem

- As palavras que dizemos uns aos outros importam.
- As palavras que dizemos a nós mesmas importam.
- As palavras que os outros dizem sobre nós importam.

Esses são alguns dos muitos motivos pelos quais devemos escolher nossas palavras com sabedoria, pois elas não são um simples conjunto de letras, e sim expressões da alma. Quando não dizemos mais o que queremos, não nos importamos mais com o que dizemos, e nosso coração se quebra um pouco. E, assim como o mau uso das palavras pode nos enredar e aprisionar, as palavras certas nos libertam. Em tempos de trevas, a Palavra de Deus é nossa lâmpada.

> A tua palavra é lâmpada que ilumina os meus passos
> e luz que clareia o meu caminho. (Salmos 119:105)

É tempo de sermos fluentes na linguagem com que fomos criados. Nosso Pai celestial nos deu sua Palavra para que, quando não soubermos no que pensar, possamos adotar sua perspectiva.

> Pois os meus pensamentos
> não são os pensamentos de vocês,
> nem os seus caminhos
> são os meus caminhos, declara o Senhor.
> Assim como os céus são mais altos
> do que a terra,
> também os meus caminhos
> são mais altos do que os seus caminhos;
> e os meus pensamentos
> mais altos do que os seus pensamentos.

## A disputa pela mulher

Assim como a chuva e a neve
descem dos céus
e não voltam para eles sem
regarem a terra
e fazerem-na brotar e florescer,
para ela produzir semente
para o semeador
e pão para o que come,
assim também ocorre com a palavra
que sai da minha boca:
ela não voltará para mim vazia,
mas fará o que desejo
e atingirá o propósito para o qual a enviei. (Isaías 55:8-11)

A Palavra de Deus é sua vontade e revela seus pensamentos. A Palavra de Deus revela seus caminhos. Que as nossas palavras reflitam a graça do Senhor para este mundo, trazendo-lhe bênção, e não mal; frescor, e não seca; ordem, e não caos! Que o reino de Deus venha e sua vontade seja feita, e que escolhamos nossas palavras com sabedoria e criemos caminhos que nos levem adiante!

---

- ▶ Quais conversas mais fazem você tropeçar?
- ▶ O que você pode fazer para usar suas palavras com mais clareza?
- ▶ Sobre o que você pode orar nesse sentido?

# 11. LUTANDO CULTURALMENTE A FAVOR DA FEMINILIDADE

*Quando os homens param de crer em Deus, eles não acreditam em nada; eles acreditam em qualquer coisa.*

G. K. Chesterton

Sou cidadã de dois países.

Nasci nos Estados Unidos e tenho ascendência italiana. Sou fluente apenas em inglês, mas a Itália fala uma língua que todas nós entendemos: a história.

Nero foi um dos imperadores romanos mais infames. Sua primeira esposa foi Otávia, um casamento de conveniência política, e não demorou muito para ele acusá-la falsamente de adultério. Após a execução de Otávia, ele se casou com sua amante, Sabina. Esse casamento também terminou mal quando Nero, supostamente, chutou Sabina até à morte, em 65 d.C. (alguns relatos dizem que ela estava grávida na ocasião). A terceira esposa de Nero a ser imperatriz de Roma foi um escravo de dezesseis anos chamado Esporo, a quem Nero castrou e vestia como mulher.[1]

Algo aqui parece familiar? Líderes corruptos motivados por interesses políticos? Desconsideração pelo casamento e pela vida? Estamos no processo de testemunhar a morte cultural de nossa nação.

**A disputa pela mulher**

O escritor e jornalista britânico Douglas Murray disse o seguinte em uma entrevista recente:

> Toda essa questão não binária é genial para dividir a sociedade porque, mais uma vez, leva as pessoas a fingirem que homens e mulheres não existem [...]. Diga que não há diferença entre homens e mulheres [...]. Fazendo isso, é óbvio que as pessoas acabarão simplesmente duvidando de tudo e mais um pouco, e é por isso que essas coisas preocupam alguns de nós, porque, se todos forem persuadidos a duvidar do que veem com os próprios olhos, então poderão ser persuadidos a acreditar em absolutamente qualquer coisa.[2]

Quando as pessoas duvidam de tudo, isso abre a porta para acreditarem em qualquer coisa. Toda vez que eu penso que essa mentalidade ao estilo "tudo está certo" não consegue ficar mais ridícula e fútil, ela consegue, sim, mas eu não deveria ficar surpresa, porque o Império Romano é prova de que já experimentamos isso no passado.

> *Aqueles que não conseguem se lembrar do passado estão condenados a repeti-lo.*
> GEORGE SANTAYANA[3]

Comecei este capítulo com a seguinte citação de G. K. Chesterton: "Quando os homens param de crer em Deus, eles não acreditam em nada; eles acreditam em qualquer coisa".

Não podemos concordar com a cultura e a sua crença em tudo e em qualquer coisa. Crer em Deus é crer naquilo que ele diz.

A mulheres biológicas estão experimentando um furto de identidade, o que ameaça a verdade de nossa origem divina. Recentemente, as mulheres receberam o prefixo *cis* para designar mulheres cujo sexo biológico "atribuído" concorda com sua "identidade de gênero". Entretanto, o uso do termo *atribuído* é uma tentativa de enfraquecer o fato de que nosso DNA foi criado por Deus. Ele nos foi dado pelo Senhor, e não atribuído aleatoriamente no nascimento. No início de nossa criação, o nome que nos foi dado é *mulher*.

Gênesis 2:19 conta que Deus concedeu ao homem a capacidade de dar nomes:

> E o nome que o homem desse a cada ser vivo, esse seria o seu nome.

Os nomes são importantes, pois têm o poder de criar associações entre palavras e imagens. Quando ouvimos o nome de alguém, vemos a pessoa. Quando Deus trouxe a mulher para o homem, declarou:

> "Esta, sim, é osso dos meus ossos
>> e carne da minha carne!
> Ela será chamada mulher,
>> porque do homem foi tirada. (Gênesis 2:23)

Essa designação, "ela será chamada mulher", não abre margem alguma para "ele será chamado mulher". Fomos tiradas do homem; ele não pode se vestir de nós.

*Mulher* é *nosso* nome de criação.

Desse modo, qualquer prefixo dilui e distorce nosso nome. Mas não ficaremos "sem nome". O nome *mulher* é para ser usado apenas por mulheres. Concordo com a Bíblia que há somente dois sexos – homem e mulher – e com a ideia tradicional de que esses sexos têm dois gêneros correspondentes – masculino e feminino –, e também que, dentro de cada um, há liberdade de expressão.

Prefixos enfraquecem e confundem desnecessariamente esses termos. O prefixo *cis* significa "do mesmo lado"[4] e foi acrescentado com o propósito de abrir caminho para a categoria

# A disputa pela mulher

*trans*. A propósito, o prefixo *trans* significa "do outro lado", "no outro lado", "além de" ou "mudar e transferir".[5] O outro lado da mulher será sempre o homem. Por definição, *trans* sugere que homens e mulheres podem mudar de lado, mas essa não é a perspectiva de Deus.

Por favor, entenda que não tenho o desejo de ser cruel. Não estou tratando de intersexualidade; eu sei que existem pessoas intersexo, um desafio biológico que ocorre em 0,005–0,018% dos nascimentos, em que ambas as gônadas, masculinas e femininas, estão presentes.[6] Essa condição é física e reconhecível, e os médicos trabalham com seus pacientes intersexo para determinar qual é o sexo/gênero mais compatível para eles adotarem. Esse é o único caso em que é certo atribuir um sexo/gênero. Além disso, de modo algum desejo minimizar a agonizante luta daqueles que realmente sofrem de transtorno de identidade de gênero (que ocorre em duas a três mulheres e cinco a quatorze homens a cada mil pessoas).[7]

O que quero dizer é que o sexo biológico tem sido rapidamente posto de lado em favor da ideia de que o gênero é simplesmente uma construção social, não uma expressão alinhada com nosso sexo biológico. Identidade de gênero não é o mesmo que intersexualidade; identidade de gênero é como alguém se sente a respeito de seu sexo biológico.

Exemplos básicos de gênero como construção social são: meninas usam cor-de-rosa e meninos usam azul; meninas brincam com bonecas e meninos brincam com carrinhos. Mas e se uma menina quiser usar azul e brincar com carrinhos? Ou se um menino quiser usar cor-de-rosa e brincar com bonecas? Acredito que a resposta a essas questões é permitir um leque de expressões de gênero em que as meninas não precisam ter vergonha de ser "traquinas" (como eu era), nem os meninos de ser acolhedores.

Essa parece ser uma opção muito mais gentil do que dizer que o sexo e o gênero de nossos filhos estão desalinhados e

LUTANDO CULTURALMENTE A FAVOR DA FEMINILIDADE

buscar um protocolo de uso vitalício de hormônios e cirurgias que, comprovadamente, prejudicam no longo prazo sua saúde e a capacidade de reprodução.

Meu desejo é recuperar um senso de sanidade e clareza. Quando eu era pequena, preferia a companhia de meninos, mas nunca pensei que era como eles. Olhando para trás, minhas tendências traquinas me ajudaram a entender os homens, uma compreensão que um dia eu necessitaria ter como mãe de quatro meninos. Contudo, será que gênero é apenas uma coleção de padrões comportamentais, traços de personalidade e preferências? Houve um tempo em que eu não queria me casar de jeito nenhum, e outro tempo em que eu era pequena e queria ser astronauta. Contudo, eu me casei, virei mãe e acabei me tornando escritora.

Não podemos nos esquecer do que significa ser mulher.

> Então aconteceu o pior. Como se recusaram a conhecer Deus, logo perderam a noção do que significa ser humano: mulheres não sabiam mais ser mulheres, homens não sabiam mais ser homens. (Romanos 1:26, *A Mensagem*)

Perdemos o rumo quando homens e mulheres se esquecem de sua humanidade e não se lembram mais de como interagir e cuidar uns dos outros.

A fim de acolher pessoas que realmente sofrem de disforia de gênero, as mulheres fizeram a concessão de permitir que uma pequena porcentagem de homens vestidos de mulheres compartilhasse nossos banheiros. Porém, essa permissão se transformou em uma invasão de outros espaços. De repente, homens sem qualquer histórico de disforia de gênero decidiram se identificar como mulheres. Nossas filhas têm sido física e sexualmente atacadas em espaços outrora seguros. Nas prisões, mulheres têm sido violentadas por estupradores que

## A disputa pela mulher

agora se identificam como mulheres. Meninas têm sido atacadas em corredores e banheiros de escola.[8] Talvez você não tenha visto o vídeo em que um menino da segunda metade do Ensino Fundamental, usando roupas femininas, agrediu uma menina no corredor da escola, enquanto seus colegas de sala assistiam. Ninguém interveio para ajudar a menina... eles estavam muito ocupados gravando a briga em seus celulares.[9]

Minha preocupação é esta: mulheres biológicas que se tornaram homens trans por meio de hormônios, cirurgias ou declaração de próprio punho não constituem uma ameaça à segurança dos homens. Nunca vi nem ouvi relatos de homens trans vencendo ou lesionando homens em competições esportivas estudantis e profissionais. Nas prisões, homens trans não abusam sexualmente de seus companheiros de cela. Homens não têm medo de compartilhar banheiros públicos e vestiários escolares com homens trans. A segurança das mulheres biológicas não é ameaçada por homens trans, mas estão sendo ameaçadas e agredidas por "mulheres trans" (homens biológicos).

Mesmo quando as mulheres se sentiram sexualizadas ao extremo, permanecemos civilizadas e tolerantes enquanto as *drag queens* [geralmente homens vestidos de mulheres e exageradamente maquiados para fins de arte e entretenimento] deixaram os limites dos clubes adultos e invadiram os espaços de nossos filhos, como escolas, bibliotecas e feriados festivos. Dizem que devemos concordar com as paródias da feminilidade. Garotas que concorriam a rainhas de suas turmas e de bailes escolares se afastaram e deixaram os rapazes ganharem.[10]

Mulheres trans têm sido nomeadas "Mulher do Ano",[11] e a maioria das mulheres em todo o mundo está silenciosa ou apoiando (o que é estranho). Como podemos aprovar isso? Será que esquecemos o que significa ser mulher? As pessoas aplaudem quando as mulheres biológicas são despojadas de títulos que antes pertenciam unicamente a mulheres, mas que agora são concedidos a uma versão bela, mas sexualizada, de feminilidade. Dois países enviaram mulheres trans como representantes para o concurso de Miss Universo.[12] Diante disso, eu pergunto: é correto apoiar sua inclusão, deixando as mulheres de fora? Se isso continuar, o que nossas filhas herdarão?

*Ninguém ama coisa alguma sem desejar lutar por ela.*
G. K. Chesterton[13]

Nossos filhos merecem que lutemos por eles.

Depois que eu falei num evento feminino recente, a esposa de um pastor me chamou à parte. Ela me perguntou se eu conhecia determinado pastor que tinha feito trabalho missionário por todo o mundo, mas que havia falecido um tempo atrás. Eu expliquei que ouvira falar dele, mas que não o conhecera pessoalmente. Ela contou que havia organizado um evento para mulheres algumas décadas atrás e o convidara para pregar. De repente, elas notaram que ele estava chorando. Assustadas, perguntaram a ele o que havia acontecido, e ele respondeu: "Vejo um ataque vindo contra as mulheres e, se o inimigo as alcançar, também alcançará seus filhos".

Isso está acontecendo.

Nossos filhos estão em risco, e a ameaça é tanto física como emocional. Em minha cidade natal, um homem trans (mulher biológica) atirou em três crianças de seis anos e em três adultos na faixa dos sessenta anos em uma escola cristã.[14] Atrocidades dessa natureza raramente são cometidas por mulheres, pois elas costumam proteger a vida, não tirá-la. Mas então, novamente, questiono a capacidade de uma mulher lidar com agressões que viriam com doses de testosterona suficientemente elevadas para transformar quimicamente uma mulher em um homem.

Algumas escolas públicas mudaram seus programas educacionais para acomodar ideologias de gênero, e, nelas, os

## A disputa pela mulher

professores que não se sujeitam a isso têm sido tirados à força de suas posições.[15] Crianças de Ensino Fundamental conhecidas como filhos ou filhas no santuário de seus lares são encorajadas a questionar o próprio gênero. "Como você sabe que é um menino? Você tem certeza de que ainda é uma menina?"

As seções infantojuvenis de nossas bibliotecas públicas e escolares estão cheias de literatura pornográfica ilustrada que tem as crianças como alvo.[16] Pais têm sido fisicamente removidos de reuniões de conselho estudantil a que compareçem por protestarem contra a inclusão desses materiais. Eles têm sido expulsos das reuniões por lerem trechos ou mostrarem ilustrações desses livros. Funcionários acharam o material muito ofensivo para um encontro de adultos. Contudo, em vez de removerem os livros, removem os pais,[17] algo que tem levado diversos pais a tirarem seus filhos da educação pública, o que é uma fina camada de proteção caso seus filhos tenham acesso a redes sociais ou se seus amigos têm tal acesso.

Nos últimos anos, o número de jovens que se identificam como transgêneros dobrou.[18] Nossos estabelecimentos de saúde são encorajados a não questionar o rápido início da disforia de gênero, mas, sim, a afirmá-lo e seguir o protocolo médico.

Em algumas clínicas, isso tem se tornado a cura para todos os males. Deprimido? Talvez você seja do gênero errado. Impopular? Você já pensou em mudar de gênero? Desconfortável com seu corpo de adolescente? Por que não experimentar hormônios do outro sexo e cirurgia nos seios? As consequências dessas escolhas variam de nunca ter filhos a nunca amamentá-los.

Provavelmente algumas de vocês conhecem pessoas às quais foram feitas essas sugestões. Disseram a elas que mudar de gênero resolveria todos os seus problemas; talvez sua situação realmente tenha parecido melhor por algum tempo, mas depois elas viram que seus problemas apenas se agravaram. As mudanças drásticas que elas fizeram em seu corpo não conseguiram

LUTANDO CULTURALMENTE A FAVOR DA FEMINILIDADE

tratar a dor profunda de sua alma. Talvez você tenha filhos (ou conheça alguém que os tenha) e tenha ouvido que essa é a única solução para uma criança que sofre de disforia de gênero. As pessoas estão sofrendo e, quando sentem dor, voltam-se para qualquer coisa que seja colocada diante delas mediante a promessa de alívio. Desesperadas por respostas, muitas vão à internet atrás de desconhecidos a quem contar seus problemas, em vez de familiares e amigos próximos. As redes sociais e seus algoritmos se agarram à sua dor e a bombardeiam com mensagens. As pessoas angustiadas em busca de uma esperança são as mais vulneráveis a mentiras. Há uma geração cuja identidade é atacada todos os dias, e eu acredito que isso acontece porque o inimigo sabe que, se essas pessoas descobrirem sua verdadeira identidade... serão uma ameaça. Não tenho todas as respostas, mas conheço aquele que é a verdade e sei que, ao longo do caminho, mantendo-nos em oração consagrada e conversas construtivas, encontraremos as respostas.

---

*Este capítulo se concentrou em expor nossa batalha cultural.*

- ► Alguma coisa que eu disse incomodou você?
- ► Se sim, do que você discordou?
- ► Você tinha noção de quão longe chegou a confusão da identidade de gênero?
- ► Sua perspectiva sobre o que significa ser mulher mudou? Em que sentido?
- ► Em que momento de sua vida você deparou com as mensagens culturais sobre identidade?
- ► O que você pode fazer para combater as mentiras culturais? (Você pode conversar sobre elas com seus filhos? Pode envolver-se no conselho da escola? Pode iniciar grupos de conversa cultural em sua vizinhança?)

# 12. LUTANDO CONTRA OS ÍDOLOS

*Filhinhos, guardem-se dos ídolos.*

(1João 5:21)

Décadas atrás, John ficou responsável pela hospedagem de pastores que vieram pregar em nossa igreja. Um deles era missionário e nos convidou para tomar café da manhã. Eu estava com um pouco de medo daquele senhor, pois ele parecia um velho rude e rabugento. No entanto, durante o café, descobri que ele era como um enorme urso de pelúcia! Ouvimos atentamente uma história atrás da outra sobre sua vida como missionário fora do país.

Quando estávamos encerrando nosso tempo juntos, a conversa mudou de rumo. Em vez de contar algo que tinha visto no passado, ele nos advertiu sobre algo no futuro. Na época, não acreditamos no que ouvimos, mas, infelizmente, o que ele disse naquele dia foi um retrato do mundo em que vivemos hoje. Mais tarde, quando John e eu estávamos sozinhos em nosso carro, conversamos sobre uma coisa que aquele senhor dissera e que não tínhamos entendido. Com muita firmeza, ele afirmou que um dia a vida das pessoas seria controlada por uma caixa em suas mãos.

Como uma caixa poderia controlar alguém? Ficamos nos perguntando se ele tivera um lapso de senilidade ao dizer

## A disputa pela mulher

aquilo. Não conseguíamos imaginar uma caixa dizendo às pessoas o que fazer, muito menos alguém dando ouvidos a ela! Caixas servem para embrulhar presentes, embalar, armazenar e mandar coisas pelo correio. O ano em que aquele senhor fez tal afirmação era 1984 ou 1985, quando os telefones ficavam em mesas, criados-mudos ou paredes.

Quarenta anos depois, parece que a caixa manda em você. Não estou jogando praga em ninguém, mas você já viu o pânico das pessoas quando esquecem onde deixaram o celular? Já vi isso acontecer com o aparelho na mão, atendendo a uma ligação! Se a pessoa estivesse dirigindo, eu até entenderia, mas estou me referindo a alguém que está em casa e usou o celular dez minutos antes. Se a pessoa deixar, a incessante demanda do celular acaba com ela. (Não deixe o celular fazer *bullying* com você.)

E há também o constante ruído das redes sociais, que maximiza algumas vozes e minimiza outras. Aplicativos de notícias inundam nossos lares com vídeos e imagens de assaltos, violência e crimes bombásticos. Os noticiários são uma fonte inesgotável de negatividade. Todo senso de estabilidade é abalado por ameaças de controle populacional, falta de alimentos, cancelamento nas redes sociais, corrupção política, guerras e rumores de guerras. Não fomos criados para engolir horas e horas de tanta coisa ruim. Nosso lar deveria ser um refúgio.

A caixa ouve você atentamente e utiliza algoritmos para chamar sua atenção – de acordo com seus interesses do momento – e conseguir vender alguma coisa. Uma série de distrações bem elaboradas desvia os descuidados daquilo que realmente importa. Quando os pais estão com o celular na mão, os filhos sentem que têm de competir pela atenção deles. Quando os filhos estão com o celular na mão, os pais têm dificuldade de conseguir sua atenção. Quando o celular está presente, os maridos se sentem ignorados pela esposa e as esposas se sentem ignoradas pelo marido. O celular tira deles o tempo que teriam juntos.

LUTANDO CONTRA OS ÍDOLOS

Amigos concentrados em tirar fotos de seu tempo juntos podem perder de vista momentos significativos. Não fomos criados para ser atacados pela constante comparação nem para viver sob a pressão de sempre exibir nossas vidas a uma plateia de desconhecidos. A vida é mais do que tirar fotos; seus filhos e seu casamento são mais do que um conteúdo para postar em sua plataforma social.

> SE A CAIXA EM SUA MÃO ENFRAQUECE A VIDA E OS RELACIONAMENTOS QUE VOCÊ DESEJA CONSTRUIR, COLOQUE-A EM SEU DEVIDO LUGAR.

Se você permitir, o celular interromperá constantemente sua vida e suas conversas. No passado, qualquer visitante que se comportasse dessa maneira em sua casa não seria convidado novamente. Até nossos filhos são ensinados a não interromper conversas porque é falta de educação. No entanto, deixamos o celular se comportar de formas que nunca toleraríamos nos outros. Seu celular é uma ferramenta, e não seu conselheiro nem alguém íntimo de você. Se a caixa em sua mão enfraquece a vida e os relacionamentos que você deseja construir, coloque-a em seu devido lugar. Quando desligo o celular à noite, costumo dizer: "Boa noite, mundo de mentirinha", e é exatamente isso que ele é: uma coleção de máscaras.

Por mais que seja potencialmente prejudicial aos nossos relacionamentos, ele constitui uma ameaça ainda maior à nossa alma. Isaías 30:15 nos diz:

> Diz o Soberano, o SENHOR, o Santo de Israel:
> "No arrependimento e no descanso
> está a salvação de vocês,
> na quietude e na confiança,
> está o seu vigor,
> mas vocês não quiseram".

**A disputa pela mulher**

Encontramos descanso quando abandonamos a idolatria do ativismo. Encontramos descanso quando escolhemos nos aquietar, sabendo que Deus é a fonte de vida e força. Encontramos descanso quando confiamos que, em meio ao caos, há um claro caminho adiante. Pode ser desconfortável nos aquietarmos quando já estamos acostumados com o ruído constante, mas isso é necessário. Quando nos aquietamos, ouvimos o que o Espírito está dizendo – seja por meio da meditação nas Escrituras, da leitura, da oração, de uma pregação, de uma música ou de um amigo.

Ruídos altos e constantes são capazes de nos tornar insensíveis ao silencioso conselho do Espírito Santo, mas, quando deixamos a caixa de lado, conseguimos nos concentrar em alinhar nosso coração a seu Criador. Receber mensagens sem parar é como ficar na frente de um alto-falante cujas altas e fortes vibrações esmagam seu coração. E esse tipo de esmagamento do coração já acontece há anos. Em tempos de um caos barulhento e questionador, o inimigo tenta conquistar nossa adoração.

## O que adoramos?

No livro de Daniel, esse conflito aconteceu de forma vívida. O rei Nabucodonosor ordenou que todos os seus súditos – inclusive os israelitas que estavam no cativeiro babilônico – se curvassem diante de sua estátua de ouro (um ídolo) sempre que uma música fosse tocada. Podia ser o som de um único instrumento ou uma cacofonia insuportável.

> Então o arauto proclamou em alta voz: "Esta é a ordem que é dada a vocês, ó homens de todas as nações, povos e línguas: Quando ouvirem o som da trombeta, do pífaro, da cítara, da harpa, do saltério, da flauta dupla e de toda espécie de música, prostrem-se em terra e adorem a imagem de ouro que o rei

## LUTANDO CONTRA OS ÍDOLOS

Nabucodonosor ergueu. Quem não se prostrar em terra e não adorá-la será imediatamente atirado numa fornalha em chamas". (Daniel 3:4-6)

Parece que, quanto mais ridícula é a ordem, mais severa é a punição. O rei deu a seus súditos duas escolhas: prostrarem-se em terra ou morrerem nas chamas. Assim como Lúcifer, Nabucodonosor sabia que a música tem o poder de criar conexões emocionais. Nós nos lembramos daquilo que cantamos e, em um grau menor, temos memórias vinculadas a músicas. Esse rei reivindicou todo o poder da música e o som de *todos* os instrumentos musicais para a adoração de seu ídolo, mas três homens se opuseram a isso. Eles adoravam unicamente o Deus dos hebreus. Prostrar-se diante de um ídolo significaria elevar a alma a ele, prática que seu Deus havia proibido terminantemente. Enfurecido com a rebelião deles, o rei mandou chamar aqueles seus conselheiros sábios e lhes deu outra oportunidade para que se prostrassem.

É verdade, Sadraque, Mesaque e Abede-Nego, que vocês não prestam culto aos meus deuses nem adoram a imagem de ouro que mandei erguer? Pois agora, quando vocês ouvirem o som da trombeta, do pífaro, da cítara, da harpa, do saltério, da flauta dupla e de toda espécie de música, se vocês se dispuserem a prostrar-se em terra e a adorar a imagem que eu fiz, será melhor para vocês. Mas, se não a adorarem, serão imediatamente atirados numa fornalha em chamas. E que deus poderá livrá-los das minhas mãos? (v. 14-15)

Serão oferecidas a você inúmeras oportunidades de cair em tentação, mas não faça isso. Se você sabe que estava certa antes, prenda-se a isso. Quero ressaltar alguns pensamentos nessa passagem. Primeiro, Nabucodonosor associou sua identidade

## A disputa pela mulher

a esses deuses e a essa imagem, ligação que está refletida em suas palavras "meus deuses" e "adorar a imagem de ouro que mandei erguer". Segundo, como mencionado anteriormente, os instrumentos musicais elaborados e as opções detalhadas eram uma tentativa de dominar todas as outras formas de música e criar um concerto de caos. E, por último, o rei se colocou no mesmo nível do Santo de Israel ao dizer que nenhum deus poderia resgatá-los de suas mãos.

**SERÃO OFERECIDAS A VOCÊ INÚMERAS OPORTUNIDADES DE CAIR EM TENTAÇÃO, MAS NÃO FAÇA ISSO.**

> Sadraque, Mesaque e Abede-Nego responderam ao rei: "Ó Nabucodonosor, não precisamos defender-nos diante de ti. Se formos atirados na fornalha em chamas, o Deus a quem prestamos culto pode livrar-nos, e ele nos livrará das tuas mãos, ó rei. Mas, se ele não nos livrar, saiba, ó rei, que não prestaremos culto aos teus deuses nem adoraremos a imagem de ouro que mandaste erguer". (v. 16-18)

É tentador argumentar: "Que mal fará você se prostrar se sabe que isso não é um deus de verdade? Simplesmente prostre-se. Ceda a ele. Não vale a pena perder sua vida por causa disso". Gosto demais da resposta daqueles três homens: "Quanto a isto não necessitamos de te responder" (v. 16, ARA). Em outras palavras, eles disseram: "Isso não se discute mais; a questão já está decidida". Tal comportamento enfureceu o rei, e ele ordenou que seus homens aquecessem sete vezes mais a fornalha. Ela estava tão quente que os homens que lançaram Sadraque, Mesaque e Abede-Nego ao fogo morreram em virtude do calor.

> Sadraque, Mesaque e Abede-Nego... caíram amarrados na fornalha em chamas. Mas logo depois o rei Nabucodonosor, alarmado, levantou-se e perguntou aos seus conselheiros: "Não

> foram três os homens amarrados que nós atiramos no fogo?". Eles responderam: "Sim, ó rei". E o rei exclamou: "Olhem! Estou vendo quatro homens, desamarrados e ilesos, andando pelo fogo, e o quarto se parece com um filho dos deuses". (v. 23-25)

A conta não fechava. Foram amarrados e atirados ali apenas três homens, mas agora havia quatro homens desamarrados e andando.

> Então Nabucodonosor aproximou-se da entrada da fornalha em chamas e gritou: "Sadraque, Mesaque e Abede-Nego, servos do Deus Altíssimo, saiam! Venham aqui!". E Sadraque, Mesaque e Abede-Nego saíram do fogo. (v. 26)

Eles simplesmente saíram do meio do fogo.

> Disse então Nabucodonosor: "Louvado seja o Deus de Sadraque, Mesaque e Abede-Nego, que enviou o seu anjo e livrou os seus servos! Eles confiaram nele, desafiaram a ordem do rei, preferindo abrir mão de sua vida a prestar culto e adorar a outro deus que não fosse o seu próprio Deus". (v. 28)

Uma coisa é cantar sobre uma pessoa no fogo; outra coisa é viver essa realidade. As palavras do rei – "Eles confiaram nele [seu Deus], desafiaram a ordem do rei, preferindo abrir mão de sua vida a prestar culto e adorar outro deus que não fosse o seu próprio Deus" – nos ensinam a evitar a idolatria.

Haverá um tempo em que confiar em Deus significará que uma escolha desse tipo será posta diante de você. Não discuta nem se prostre. Você pode recusar conformar-se sem ser contencioso. Nosso corpo agora é um templo reservado para o serviço e a adoração unicamente a Deus. Em 2Coríntios 6:16, Paulo nos admoesta:

## A disputa pela mulher

> Que acordo há entre o templo de Deus e os ídolos? Pois somos santuário do Deus vivo. Como disse Deus: "Habitarei com eles e entre eles andarei; serei o seu Deus e eles serão o meu povo".

O templo de Deus não tem acordo com os ídolos nem espaço para eles. Celebramos nosso corpo como instrumento de adoração dado por Deus. Paulo prossegue dizendo:

> Portanto, "saiam do meio deles e separem-se", diz o Senhor. "Não toquem em coisas impuras, e eu os receberei" e "serei o seu Pai, e vocês serão meus filhos e minhas filhas", diz o Senhor Todo-poderoso.
>
> Amados, visto que temos essas promessas, purifiquemo-nos de tudo o que contamina o corpo e o espírito, aperfeiçoando a santidade no temor de Deus. (2Coríntios 6:17–7:1)

Paulo está citando o profeta Isaías. Somos separados em nossa adoração, mas tocar um porco ou um lagarto não mais nos torna imundos. Nosso sumo sacerdote Jesus nos justificou diante de Deus de dentro para fora. A contaminação da idolatria é tratada quando abraçamos o temor de Deus.

Em 1João 5:21, recebemos a seguinte admoestação: "Filhinhos, guardem-se dos ídolos". Em 1Coríntios 10:14, também nos é dito: "Por isso, meus amados irmãos, fujam da idolatria".

Mas como podemos fazer isso?

Nos dias de Sadraque, Mesaque e Abede-Nego, os ídolos ficavam guardados em templos; hoje, eles podem ser encontrados em nossas casas! Para reconhecer a influência de ídolos ou de uma área de idolatria em nossa vida, vamos primeiro definir o que é um ídolo: "objeto de extrema devoção; representação ou símbolo de um objeto de adoração; um deus falso; uma semelhança de alguma coisa; uma concepção falsa; uma falácia; uma forma ou aparência visível, mas sem substância".[1]

LUTANDO CONTRA OS ÍDOLOS

Os ídolos têm a ver com as aparências, e não com a realidade. Desse modo, os ídolos se mostrarão falsos aos que os adoram e neles confiam; além disso, eles diminuem a grandeza do Deus Altíssimo. Embora exijam que nos prostremos, os ídolos não nos levantam. A comparação é a constante companhia do ídolo do eu.

A Bíblia usa as palavras ídolos, *deuses* e *imagens* de forma intercambiável. Os ídolos são criados quando nos voltamos para aquilo que é inferior e o tratamos como superior, como uma fonte de identidade ocupando o lugar do Deus Altíssimo. A idolatria costuma ser a prática de lidar com as coisas certas de uma forma errada. Por exemplo: casamento, filhos, carreira, amigos, cônjuge, comida, esportes e até mesmo o exercício físico, tudo isso é bom, mas, se atribuirmos demasiada importância a uma dessas coisas, isso pode se tornar um ídolo. No meu caso, se eu busco o ministério em detrimento da saúde do meu casamento ou da minha relação pessoal com meu Salvador, isso significa que ele está ocupando um lugar errado na minha vida. Êxodo 20:4 e Deuteronômio 5:8 trazem uma advertência de Deus:

Não faça para si espécie alguma de ídolo. (NVT)

Somos nós que criamos e damos poder aos ídolos, dependendo de onde colocamos nossa confiança e afeição, e isso acontece quando damos a eles nossa força ou extraímos nossa força e nosso conforto de fontes externas ao nosso Criador. Isso pode indicar que estamos com o foco errado, buscando a coisa certa no lugar errado ou fazendo de nós mesmos a fonte. Seguindo essa linha de raciocínio, os vícios são uma forma de idolatria. O entretenimento pode se tornar idolatria. Ou é possível que tenhamos confiado nossa estabilidade a uma carreira em vez de confiarmos que aquele que nos capacita a criar riquezas cumpra sua aliança.

## A disputa pela mulher

> SOMOS NÓS QUE CRIAMOS E DAMOS PODER AOS ÍDOLOS, DEPENDENDO DE ONDE COLOCAMOS NOSSA CONFIANÇA E AFEIÇÃO.

Colossenses 3:5 nos diz que ganância é idolatria. Ganância é desejar ou querer alguma coisa mais do que a Deus e sua vontade para nossa vida. Paulo mencionou a idolatria dos filhos de Israel como um exemplo para nós:

> Não sejam idólatras, como alguns deles foram, conforme está escrito: "O povo se assentou para comer e beber, e levantou-se para se entregar à farra". Não pratiquemos imoralidade, como alguns deles fizeram e num só dia morreram vinte e três mil [...] **Essas coisas aconteceram a eles como exemplos e foram escritas como advertência para nós, sobre quem tem chegado o fim dos tempos.** (1Coríntios 10:7-8, 11, grifo da autora)

Eles criaram um bezerro de ouro e depois copiaram as práticas cultuais do Egito. A idolatria deles envolveu autoindulgência e descontrole sexual, assim como acontece hoje. O ídolo vazio da autoindulgência escraviza seus adeptos a apetites que nunca podem ser satisfeitos. No final, os desejos insaciáveis acabam nos isolando das coisas e das pessoas que amamos.

## O ídolo do eu

Nossa imagem – como nos vemos e nos mostramos às outras pessoas – pode se tornar um ídolo que nos promete felicidade e realização. Como escreveu Fiódor Dostoiévsky em *Os irmãos Karamazov*:

> O mundo diz: "Você tem necessidades – satisfaça-as. Você tem tanto direito quanto os ricos e os poderosos. Não hesite em satisfazer às suas necessidades; na verdade, aumente suas

LUTANDO CONTRA OS ÍDOLOS

necessidades e exija mais". Essa é a doutrina mundana de hoje. E eles acreditam que isso é liberdade.[2]

Esse tipo de idolatria nos encoraja a viver para nós mesmos – e depois nos dá um espelho que mostra tudo o que não temos. A imagem nesse vidro unidimensional apenas confirma aquilo que já temíamos: que nunca seremos o suficiente. Não somos suficientemente jovens, bonitas, magras, femininas, influentes, ricas, amadas e bem-sucedidas. Todo louvor que esse ídolo pode dar é temporário, sendo rapidamente arrancado quando surge alguém que tem ou faz alguma coisa *mais* do que nós.

## O ídolo da religião

A idolatria da religião significa que você deve fazer-se bom o suficiente. Religião é uma coletânea de regras e fórmulas impossíveis. A princípio, cumprir uma lista de regras pode parecer mais fácil do que servir a um Deus vivo que deseja se relacionar conosco. A mentalidade religiosa está enraizada no orgulho e em sua prima, a falsa humildade. Em quarenta anos no ministério, eu vi muitas pessoas que começaram humildes e terminaram enlaçadas em obras ou pecado. Entretanto, para mim, o ídolo da religião atua mais claramente quando uma parte do Corpo de Cristo ou uma denominação religiosa ataca outra. A idolatria religiosa é traiçoeira. Parceiro do julgamento, esse ídolo cresce pisando em outras pessoas e religiões.

Muitas mulheres têm experimentado essa distorção de um modo ou de outro, pois há muitas variações disso. As mulheres são bem-vindas na igreja, mas não para falar na igreja. Elas podem falar na igreja, mas somente se estiverem contando sua história. As mulheres podem falar, mas não de forma autoritativa. As mulheres podem falar, mas não liderar. Entendeu qual é o ponto? Há muitas variações e opiniões, desde o complementarismo extremo até o igualitarismo progressista.

## A disputa pela mulher

O que desejo abordar é o modo de essas mensagens confusas sugerirem que a morte de Jesus foi suficientemente poderosa para salvar e resgatar completamente os homens, mas que as mulheres precisam acrescentar alguma obra a ela. Algumas denominações chegam a ponto de dizer às suas mulheres que a procriação as salvará. Isso só faz sentido se crermos que a redenção das mulheres foi realizada apenas parcialmente.

Assim, se quisermos interpretar a Escritura de forma literal, então as mulheres devem parar de falar no momento em que entram no edifício da igreja até a hora em que saem.

Recentemente, minha equipe postou um vídeo em que estou falando a um estádio cheio de mulheres. Vários homens postaram versículos de 1Timóteo sobre o silêncio das mulheres na igreja. O fato de eu não estar dentro de uma igreja pareceu não importar. Um homem explicou que, se algum vídeo meu falando fosse postado em um lugar no qual um homem pudesse vê-lo, a igreja seria corrompida. Ele explicou também que uma mulher pregando era a forma mais elevada de mal espiritual. Eu desejaria poder dizer a você que estou inventando isso ou que esse tipo de fala é um incidente isolado, mas não posso. Isso prova novamente que o ídolo da religião é irracional e não ficará satisfeito.

O ídolo da religião nos diz que nunca seremos suficientemente piedosas, amáveis, bíblicas e ocupadas. E isso é verdadeiro porque, se pudéssemos ser suficientes, Deus não teria enviado seu Filho. Fazer-nos "suficientes" é humanamente impossível. Só Jesus é nossa salvação.

Um primo do ídolo da religião é o ídolo do ministério. Sob o domínio desse ídolo, pastores e ministros se tornam o foco em vez de Jesus, nosso Salvador. Sabe-se que alguns líderes de ministério negligenciam seu casamento, sua família e seu tempo pessoal com Deus na busca do ministério. Pastores correm o risco de pensar que atuam com regras diferentes daquelas usadas pelas pessoas a quem ministram, o que, de certo modo, é verdadeiro, uma vez que eles trabalham com diretrizes mais estritas.

No Novo Testamento, Paulo trata da idolatria como uma obra da carne:

> Ora, as obras da carne são manifestas: imoralidade sexual, impureza e libertinagem; idolatria e feitiçaria; ódio, discórdia, ciúmes, ira, egoísmo, dissensões, facções e inveja; embriaguez, orgias e coisas semelhantes. Eu os advirto, como antes já os adverti: Aqueles que praticam essas coisas não herdarão o Reino de Deus. (Gálatas 5:19-21)

Os ídolos e as obras da carne estão entrelaçados. Outras versões do versículo 21 dizem: "os que tais coisas praticam". Algo que praticamos é algo que se tornou um hábito, e hábitos são práticas que fazemos sem pensar.

No começo deste livro, falei sobre meu transtorno alimentar. Ele não era apenas uma ruptura entre meu corpo e meu espírito, mas se tornou um ídolo que me controlava. Quando alguma coisa ganha um nível de domínio sobre nós que não deveria ter, a idolatria está presente. Quando confessei que meu peso e minha comida eram ídolos, fui liberta. Desde então, tenho lidado com outras formas de idolatria. E Deus deseja muito tratar de qualquer coisa que mantém seus filhos cativos.

## A armadilha do temor dos homens

Faz pouco tempo que tenho lutado com o ídolo possivelmente mais intimidador que já encontrei: a opinião das pessoas. O temor dos homens é motivo de grande preocupação. Há muita pressão para nos curvarmos aos ditames sempre mutáveis das pessoas – tanto das que conhecemos como daquelas que não conhecemos.

Essa não é uma nova batalha nem uma nova estratégia do inimigo. Faz muito tempo que ele deseja que o povo de Deus

# A disputa pela mulher

se curve diante desse ídolo, o qual raramente vem sozinho. Quando nos sentimos pressionados a nos curvar à opinião dos outros, quase sempre o ídolo do eu também está presente, incitando-nos a pensar em nossa reputação, em nossa imagem ou no medo daquilo que pode acontecer se não cedermos. Escapamos do temor de homens ao abraçarmos o temor de Deus. Não basta simplesmente admitir que há verdades imutáveis; nossa vida deve estar de acordo com a verdade.

João se dirigiu aos crentes de seus dias com a seguinte exortação:

> Sabemos que somos de Deus e que o mundo todo está sob o poder do maligno. Sabemos também que o Filho de Deus veio e nos deu entendimento, para que conheçamos aquele que é o Verdadeiro. E nós estamos naquele que é o verdadeiro, em seu Filho Jesus Cristo. Este é o verdadeiro Deus e a vida eterna. (1João 5:19-20)

Aqui, João define claramente quem está dentro do povo de Deus e quem está fora, os que estão "em Cristo" e os que estão sob o poder do maligno. Como pessoas que estão em Cristo, somos chamadas para uma vida diferente.

## Livres para escolher

> Não há dúvida de que Deus chamou vocês para uma vida de liberdade. Mas não usem essa liberdade como desculpa para fazer o que bem entendem, pois, assim, acabarão destruindo-a. Em vez disso, usem a liberdade para servir ao próximo com amor. (Gálatas 5:13, *A Mensagem*)

Jesus nos chama para uma vida de liberdade. Esse dom da liberdade cresce quando alcançamos outras pessoas e diminui quando vivemos apenas para nós mesmas. A autoindulgência é

LUTANDO CONTRA OS ÍDOLOS

um caminho para a destruição. A emancipação do eu é encontrada na morte do eu e na vida em Cristo. Contudo, a liberdade é algo frágil: devemos zelar por ela, pois requer nosso pensamento, nossa vontade e nossa confiança naquele que a deu a nós.

*Existem duas liberdades: a falsa, quando o homem é livre para fazer tudo o que deseja, e a verdadeira, quando o homem é livre para fazer o que deve fazer.*

CHARLES KINGSLEY[3]

À luz disso, liberdade é a capacidade de fazer o que é certo e talvez mais difícil (algo que devemos fazer) em vez de escolher o que é errado e, geralmente, mais fácil. Liberdade não é o mesmo que rebelião, mas você é livre para se rebelar, mesmo que não vá gostar das consequências dessa rebelião. Cristo nos liberta para escolhermos o que é certo, o que é verdadeiro e o que é justo. Você é livre para viver além de si mesma e pensar nos outros, assim como é livre para pensar em si mesma, mas sem estar centrada em si mesma.

Todos os dias nos trazem escolhas que devemos fazer: com quem falamos, como falamos, o que consumimos e como gastamos nosso tempo, talentos e recursos. Algumas escolhas são momentâneas; outras, monumentais, alcançando gerações futuras.

Coloquei diante de vocês a vida e a morte, a bênção e a maldição. Agora escolham a vida, para que vocês e os seus filhos vivam, e para que vocês amem o SENHOR, o seu Deus, ouçam a sua voz e se apeguem firmemente a ele. Pois o SENHOR é a sua vida, e ele dará a vocês muitos anos na terra. (Deuteronômio 30:19-20)

Essa passagem salienta o incrível poder de uma escolha. Assim como Deus colocou essas escolhas diante dos filhos de Israel, ele as coloca diante de nós, e quando escolhemos Cristo, escolhemos a vida.

207

## A disputa pela mulher

Então Jesus disse aos seus discípulos: "Se alguém quiser acompanhar-me, negue-se a si mesmo, tome a sua cruz e siga-me". (Mateus 16:24)

- A cultura diz: "Creia em si mesma"; Jesus disse: "Creia em mim".
- A cultura diz: "Satisfaça a si mesma"; Jesus disse: "Negue-se a si mesma".
- A cultura diz: "Defina sua própria identidade"; Jesus chamou você pelo nome.
- A cultura diz: "Viva o agora"; Jesus disse que esta vida é transitória.
- A cultura diz: "Pense obsessivamente em si mesma"; Jesus disse: "Pense nos outros".
- A cultura diz: "Cuide apenas de si mesma"; nosso Senhor disse: "Cuide dos outros".
- A cultura diz: "Culpe os outros"; Jesus disse: "Perdoe e cancele as dívidas dos outros".
- A cultura diz: "Dê desculpas"; Jesus disse: "Assuma a responsabilidade".
- A cultura diz: "Conforme-se a mim"; Jesus nos convida a sermos transformados.

Cristo é formado em nós quando obedecemos a ele por livre vontade.

---

- ▶ Qual dessas ordens da cultura você poderia trocar pela ordem de Jesus hoje?
- ▶ O que você pode deixar de fazer?
- ▶ Pelo que você pode orar?

# 13. LUTANDO POR MAIS HEROÍNAS

*O melhor modo de explicar uma coisa é fazendo-a.*
Lewis Carroll, *Alice no País das Maravilhas*

Não parece que caímos no mundo maluco da Alice? Quem nunca caiu numa toca de coelho e se viu obrigada a comer bolos e beber poções que nos deixaram muito grandes ou muito pequenas? Temos gritado, perdido chaves, conversado com desconhecidos confusos e tomado chá com personagens esquisitos. Envolvemo-nos em jogos sem regras e, ao tropeçarmos em uma nova palavra ou violarmos uma ordem desconhecida, uma rainha do cancelamento ameaça nos decapitar. Por mais confuso e assustador que tudo isso possa parecer, peço que reconheça essa coleção de distrações como cortinas de fumaça feitas para impedir que ataquemos nosso verdadeiro inimigo.

O país das maravilhas de Alice tinha seu próprio dragão. De acordo com as crônicas, Alice estava destinada a matar esse terrível demônio usando a lendária espada Vorpal. No filme de 2010, o dragão e Alice trocam palavras antes do início da batalha. O dragão diz:

— Então, minha velha inimiga, voltamos a nos encontrar no campo de batalha.

## A disputa pela mulher

Confusa, Alice responde:

— Não nos conhecemos.

— Não você, sua portadora insignificante, mas minha antiga inimiga, a espada Vorpal.[1]

Da mesma forma, somos insignificantes, mas aquilo que carregamos não é. O dragão que enfrentamos nos odeia, mas não nos teme. Ele teme o nosso Rei e reconhece sua marca em nossa vida, e treme ao ouvir o som do nome dele. A espada que portamos é falada, não erguida. O dragão teme o peso de nossas palavras, não o volume com que as proferimos. Ao proclamarmos a Palavra de Deus, ela se transforma na invencível, invisível e eterna espada do Espírito. Quando erguemos nossas vozes em oração, o dragão ouve a trovejante voz daquele que é a Palavra.

> Deus é forte e quer que vocês sejam fortes. Tomem tudo que o Senhor providenciou para vocês – armas eficazes, feitas com o melhor material. Vocês terão de usá-las para sobreviver às emboscadas do diabo. (Efésios 6:10-11, *A Mensagem*)

Há uma mensagem sobre os homens que ultimamente tenho ouvido muito.

> *Tempos difíceis criam homens fortes, homens fortes criam bons tempos, bons tempos criam homens fracos, e homens fracos criam tempos difíceis.*
> G. Michael Hopf[2]

A pergunta que quero fazer é: o que as mulheres fortes criam?

Ser forte não é errado. Se fosse, Deus não se teria dado ao trabalho de nos prover tantas armas poderosas. E nós vamos precisar delas. Efésios 6:12 nos diz:

Não se trata de um jogo com amigos no fim de semana, uma diversão esquecida em poucas horas. É um estado de guerra permanente, uma luta de vida ou morte contra o Diabo e seus anjos. (*A Mensagem*)

É importante lembrar que palavras ditas, mas não obedecidas, não têm poder. A Palavra de Deus é ativada em nossa vida pela fé e pela obediência. Por muito tempo, temos ouvido muito e feito pouco, esquecendo-nos de que a espada do Espírito ganha expressão e poder em nossa vida quando nos tornamos praticantes da Palavra, e não somente ouvintes. Quando confirmamos, acreditamos, vivemos e obedecemos, a Palavra de Deus é totalmente liberada em nossas vidas, e o inimigo é mantido longe. Deus velará por sua Palavra em nossa boca e nos dará suas palavras para as proferirmos.

Em Cristo, as mulheres são capacitadas de forma individual e coletiva.

Jesus é aquele que faz de nós uma força para o bem. Estamos em um mundo que é hostil às mulheres porque é hostil à vida. Um mundo que dá mais valor a um empregado ou empregador do que a uma mãe. Um mundo em que o casamento é caluniado e os filhos são vistos como obstáculos à carreira, como um fardo financeiro. Um mundo no qual homens e mulheres deveriam ser aliados, e não competidores ou mesmo inimigos. Um mundo de cabeça para baixo no qual as mulheres ouvem o conselho de dragões e não protegem seus filhos. No entanto, temos esta promessa de João 16:33:

> Eu disse essas coisas para que em mim vocês tenham paz. Neste mundo vocês terão aflições; contudo, tenham ânimo! Eu venci o mundo.

Em Cristo, estamos no mundo, mas não somos do mundo. Podemos ousar ser encorajadas. Ouse crer que podemos fazer

## A disputa pela mulher

a diferença. Ouse crer que as filhas do Altíssimo se levantarão e lutarão pela feminilidade. Estamos aqui para nos opor às trevas sombrias com a luz que portamos. E, ainda que percamos nossas vidas, teremos vencido, pois ganhamos a vida eterna. Não podemos perder, pois Cristo já venceu. Entretanto, o dragão sabe claramente que a derrota o aguarda, e ele pretende causar o máximo de dano possível no tempo que ainda tem. Apocalipse 12:12 salienta nosso momento:

> Mas ai da terra e do mar, pois o diabo desceu até vocês! Ele está cheio de fúria, pois sabe que lhe resta pouco tempo.

Aquele que caiu e arrastou consigo um terço dos anjos teme aquele que obteve vitória uma vez por todas na cruz. Com sua morte, Jesus "desarmou os governantes e as autoridades espirituais e os envergonhou publicamente ao vencê-los na cruz" (Colossenses 2:15, NVT).

E, ao crescerem as trevas ao nosso redor, é fácil imaginar: "Será que há algo errado? O inimigo ainda está armado?". A resposta é sim e não: ele foi desarmado, mas não destruído; foi desalojado, mas não aprisionado. Ele foi removido do céu e trazido à terra. Seu fim se aproxima, mas ainda não se concretizou. A carta de 1Coríntios 15:24-26 nos diz:

> Então virá o fim, quando ele [Jesus] entregar o Reino a Deus, o Pai, depois de ter destruído todo domínio, toda autoridade e todo poder. Pois é necessário que ele reine até que todos os seus inimigos sejam postos debaixo de seus pés. O último inimigo a ser destruído é a morte.

A sombra da morte ainda é uma realidade e ainda haverá de ser engolida na vitória de Cristo. Em João 5:24, Jesus nos deu esta promessa:

LUTANDO POR MAIS HEROÍNAS

Eu asseguro: Quem ouve a minha palavra e crê naquele que me enviou tem a vida eterna e não será condenado, mas já passou da morte para a vida.

Não precisamos mais combater o espírito da morte e lutar por nossa salvação. Em Cristo, passamos da morte para a vida e fomos capacitadas a deixar para trás o egoísmo e a mentalidade egocêntrica. Podemos seguir o exemplo de Jesus e saber que não há arma mais poderosa do que uma vida consagrada. As palavras de Paulo são tão verdadeiras hoje quanto no momento em que ele admoestou os crentes do primeiro século a viverem como filhos da luz.

Assim, eu lhes digo com a autoridade do Senhor: não vivam mais como os gentios, levados por pensamentos vazios e inúteis. A mente deles está mergulhada na escuridão. Andam sem rumo, alienados da vida que Deus dá, pois são ignorantes e endureceram o coração para ele. Tornaram-se insensíveis, vivem em função dos prazeres sensuais e praticam avidamente toda espécie de impureza. (Efésios 4:17-19, NVT)

Oro para que os olhos do nosso entendimento sejam iluminados e nossa mente, renovada. Efésios 4:19 diz:

Tendo perdido toda a sensibilidade, eles se entregaram à depravação, cometendo com avidez toda espécie de impureza.

Passamos de *incidentes* de impureza para a *prática* de toda espécie de impureza. Somos nós que escolhemos aquilo a que nos entregaremos. Nossas escolhas são reveladas naquilo que praticamos, e isso se reflete naquilo a que dedicamos nossa atenção e afeição. A vergonha nem sempre é um inimigo. Ela pode ser um indício de que você fez ou disse

# A disputa pela mulher

algo vergonhoso. É um sinal de saúde que indica que seu coração ainda é sensível. Queremos evitar o comportamento errado de dar desculpas. A vida me ensinou que, uma vez que confesso meus erros, eles não têm mais domínio sobre mim. Todas nós já passamos por maus momentos e pecamos ao fazer péssimas escolhas. Em vez de justificarmos esses fracassos, vamos lançá-los sobre a cruz. Mais adiante em Efésios, Paulo admoestou os crentes:

> Ninguém os engane com palavras tolas, pois é por causa dessas coisas que a ira de Deus vem sobre os que vivem na desobediência. Portanto, não participem com eles dessas coisas. Porque outrora vocês eram trevas, mas agora são luz no Senhor. Vivam como filhos da luz. (Efésios 5:6-8)

Andemos na luz da obediência, pois fomos redimidas do domínio do pecado para vivermos debaixo do domínio de Cristo. Assim como não somos nada sem ele, temos nele acesso a tudo de que precisamos para a vida e a piedade. O inimigo gosta de tirar proveito da ignorância que possamos ter em relação a quem somos em Cristo. O maligno é aquele que...

- Tenta e depois acusa, porque ele é o acusador.
- Seduz e depois envergonha.
- Sexualiza, procurando roubar nossa virtude.
- Distorce a interpretação da Bíblia para silenciar nossa voz.

O Corpo de Cristo precisa lutar pela feminilidade. A terra precisa da voz dos filhos e das filhas de Deus. Jesus nos deu sua autoridade, e o inimigo perdeu sua autoridade.

> Jesus aproximou-se deles e disse: "Foi-me dada toda a autoridade nos céus e na terra". (Mateus 28:18)

Jesus conquistou mais por sua obediência do que Adão e Eva perderam por sua desobediência. Eles tinham o domínio sobre a terra; Jesus conquistou o domínio sobre todo o universo. E qual é o propósito de toda essa autoridade?

> Portanto, vão e façam discípulos de todas as nações, batizando-os em nome do Pai e do Filho e do Espírito Santo, ensinando-os a obedecer a tudo o que eu ordenei a vocês. E eu estarei sempre com vocês, até o fim dos tempos. (Mateus 28:19-20)

No entanto, receio que estejamos contentes em simplesmente ir à igreja.

Creio que estamos no final de uma era. Quando você recebe autoridade, está autorizada a usá-la. Chegará o dia em que estaremos diante da suprema autoridade e prestaremos contas do que fizemos com aquilo que a vida de Cristo conquistou para nós. Resgatamos outras pessoas ou apenas enriquecemos? A promessa feita aos discípulos do passado é verdadeira para os discípulos do presente. Se alguém colocasse uma espada de luz da verdade em suas mãos e lhe dissesse que, quando essa espada fosse erguida, teria o poder de curar, transformar, libertar, salvar e dar sabedoria e poder aos que a portassem, será que você a guardaria no armário? Ou honraria essa missão e a ergueria bem alto para que todos a vissem? Nós temos essa arma de luz em nossas mãos. A Palavra é viva, e seu esplendor ofusca nossas imperfeições humanas. Como na história de Alice, o inimigo vê aquilo que portamos, e não quem somos.

## As batalhas revelam heróis

> Os que são fiéis aqui na terra são os verdadeiros heróis; tenho prazer na companhia deles. (Salmos 16:3, NVT)

## A disputa pela mulher

Aprendemos fazendo. Heróis nascem em batalhas, e tempos difíceis revelam onde depositamos nossa confiança e de onde vem a nossa força. Muitos querem ser heróis sem lutar batalhas. Heróis são feitos a cada escolha, uma batalha de cada vez, e a piedade é criada em nós do mesmo modo – a cada escolha que honra a Deus.

A história está marcada por momentos em que linhas de batalha são claramente traçadas, e um deles é encontrado no início do livro de Êxodo. Duas mulheres piedosas cometeram o primeiro ato de desobediência civil registrado nas Escrituras a fim de resgatar bebês do sexo masculino.

> O rei do Egito ordenou às parteiras dos hebreus, que se chamavam Sifrá e Puá: "Quando vocês ajudarem as hebreias a dar à luz, verifiquem se é menino. Se for, matem-no; se for menina, deixem-na viver". (Êxodo 1:15-16)

O faraó tentou fazer uma aliança de morte com duas mulheres que eram habilidosas na prática de trazer vida. Ele permitia que as filhas dos hebreus vivessem, mas ordenou a morte dos meninos porque receava que os hebreus crescessem em número e força.

> Todavia, as parteiras temeram a Deus e não obedeceram às ordens do rei do Egito; deixaram viver os meninos. (v. 17)

Quero salientar o fato de que essas mulheres não tinham um exemplo bíblico anterior como base para fazer aquela escolha. No entanto, de algum modo, elas equiparam a ação de honrar a vida à ação de honrar a Deus, e se opuseram ao faraó. Alguns estudiosos dizem não estar claro se elas eram egípcias ou hebreias. Essa questão foi levantada em razão de elas usarem *Elohim* em vez de *Yahweh*, e pelo fato de ser improvável que o faraó tivesse dito a mulheres hebreias que matassem os filhos de seu próprio povo.[3]

Com o passar do tempo, a desobediência das parteiras se tornou óbvia.

> Então o rei do Egito convocou as parteiras e lhes perguntou: "Por que vocês fizeram isso? Por que deixaram viver os meninos?". (v. 18)

E foi assim que elas justificaram suas escolhas:

> Responderam as parteiras ao faraó: "As mulheres hebreias não são como as egípcias. São cheias de vigor e dão à luz antes de chegarem as parteiras". (v. 19)

Eu duvido que essa desculpa fosse inteiramente verdadeira, pois as parteiras podiam ter chegado com algum atraso para alguns nascimentos, mas certamente não para todos os partos de meninos hebreus.

> Deus foi bondoso com as parteiras; e o povo ia se tornando ainda mais numeroso, cada vez mais forte. Visto que as parteiras temeram a Deus, ele concedeu-lhes que tivessem suas próprias famílias. (v. 20-21)

Deus abençoou as parteiras com uma descendência e um legado. Não existe maior tesouro na vida do que um legado de piedade. Quando sua conspiração com as parteiras fracassou, o faraó reagiu de forma ainda mais ousada e ordenou que *todos* os egípcios matassem os meninos hebreus.

> Por isso o faraó ordenou a **todo o seu povo**: "Lancem ao Nilo todo menino recém-nascido, mas deixem viver as meninas". (v. 22, grifo da autora)

## A disputa pela mulher

Imaginem a tristeza e o horror que aqueles pais sofreram. Fico imaginando se os vizinhos chegaram a denunciar uns aos outros. É difícil entender o tipo de crueldade e dureza de coração envolvido no ato de lançar bebês no Nilo e ficar contemplando, da margem, seu afogamento. Entretanto, muito mais crianças em nosso país morrem a cada ano por aborto do que as que foram afogadas no Egito. Em nossa nação, há mulheres que tiram a vida de seus filhos em vez de resgatá-los. Isso coloca em risco nossos filhos e filhas. A cultura mudou e os cristãos são cada vez mais considerados uma ameaça. Temos o poder de fazer escolhas corajosas. Enquanto a cultura se tornar progressivamente mais ímpia, a piedade estará em contradição com as diretrizes culturais mundanas.

A escolha de uma mãe abriu caminho para o livramento de uma nação.

No meio do generocídio dos meninos hebreus no Egito, uma mãe desafiou o decreto do faraó e escondeu seu filho. Oro para que nossa história mude e possamos ver o mesmo em nossos dias.

> E ela engravidou e deu à luz um filho. Vendo que era bonito, ela o escondeu por três meses. (Êxodo 2:2)

Ela viu algo especial em seu filho. Um anjo não chegou a aparecer nem um profeta disse: "Eu tenho um plano para este bebê". Aquela mãe simplesmente viu seu filho e agiu.

Sua escolha corajosa deu início a algo novo. Em um clima de caos e morte, ela acreditou que seu filho valia o risco de desafiar sua cultura. Ela protegeu, cuidou, amamentou e imagino que até mesmo chorou por seu filho, sabendo que era apenas uma questão de tempo para ele ser morto. Por três meses, uma família hebreia conviveu com um segredo e escondeu um filho sem nome. Noventa dias não é muito tempo.

## LUTANDO POR MAIS HEROÍNAS

> Quando já não podia mais escondê-lo, pegou um cesto feito de junco e o vedou com piche e betume. Colocou nele o menino e deixou o cesto entre os juncos, à margem do Nilo. (v. 3)

Ela teceu um cesto para seu bebê e orou para que ele estivesse seguro até ser resgatado do rio no qual outros filhos tinham encontrado apenas a morte. Do mesmo modo, nossas orações tecem para nossos filhos cestos que os conduzem quando deixam de estar sob nossos cuidados. Aquela mãe escolheu cuidadosamente um lugar entre os juncos e colocou a irmã do menino ali perto para vigiá-lo.

> A irmã do menino ficou observando de longe para ver o que lhe aconteceria. A filha do faraó descera ao Nilo para tomar banho. Enquanto isso, as suas servas andavam pela margem do rio. Nisso viu o cesto entre os juncos e mandou sua criada apanhá-lo. (v. 4-5)

Outra mulher o viu e o salvou. Não acredito que esse tenha sido um encontro casual. O ponto do rio Nilo no qual a filha do faraó se banhava devia ser um local específico. Os egípcios acreditavam que aquele rio era um portal para a vida e a morte, razão pela qual tudo o que o rio lhes trouxesse era tido como uma dádiva dos deuses.

> Ao abri-lo, viu um bebê chorando. Ficou com pena dele e disse: "Este menino é dos hebreus". (v. 6)

O coração daquela princesa influente foi movido de compaixão pelo choro do lindo bebê hebreu. Ela resgatou o menino, deu-lhe um nome e o adotou como filho. "[A princesa] lhe deu o nome de Moisés, dizendo: "Porque eu o tirei das águas" (v. 10).

Miriã se adiantou e removeu todas as barreiras para o resgate de Moisés.

## A disputa pela mulher

Então a irmã do menino aproximou-se e perguntou à filha do faraó: "A senhora quer que eu vá chamar uma mulher dos hebreus para amamentar e criar o menino?" "Quero", respondeu ela. E a moça foi chamar a mãe do menino. Então a filha do faraó disse à mulher: "Leve este menino e amamente-o para mim, e eu pagarei a você por isso". A mulher levou o menino e o amamentou. (v. 7-9)

Imagine a alegria da família. Eles estavam novamente unidos, e agora não havia mais motivo para temer pela vida de Moisés. Ele estava protegido pela família real, e sua mãe biológica fora contratada pela filha do faraó.

Os dois primeiros capítulos de Êxodo – livro que se refere à liberdade do Egito e ao seu modo de vida – estão repletos de heroínas. Será que Deus está novamente alocando mulheres para salvar, ocultar, proteger, criar e prover para a próxima geração de heróis? Será que estamos sendo preparadas para outro êxodo – um grande abandono espiritual de falsos ídolos e ideologias –, de volta à verdadeira adoração? Se isso for verdade, qual é o nosso papel? Para responder, olhemos novamente para o que essas mulheres fizeram à luz da primeira citação deste capítulo: "O melhor modo de explicar uma coisa é fazendo-a".

*Deus unge mulheres habilidosas.*

As duas parteiras escolheram praticar a piedade no âmbito de sua profissão, ou seja, preferiram não abandonar sua habilidade de salvar vidas. Acredito que as ações dessas mulheres tiveram um efeito catalisador que deu início à libertação da nação hebreia. É possível que Arão, o irmão mais velho de Moisés, tenha nascido por causa da escolha delas. A postura desafiadora delas pode ter encorajado a mãe de Moisés. Não há como ter certeza disso, mas coragem gera coragem, e certamente covardia gera covardia. Milhares de anos se passaram, e eu me sinto inspirada pela bravura delas.

Aquelas mulheres fazem parte da nossa história e certamente nós fazemos parte da história delas. Minha irmã, se você é médica, honre seu voto de não causar dano a ninguém. Se é professora, eduque as crianças que lhe foram confiadas. Se exerce algum tipo de autoridade civil, use sua posição para proteger e resgatar pessoas. Se faz parte do sistema judicial, lute por justiça e verdade. Se é mãe, proteja e crie seus filhos na piedade.

*Deus unge mulheres que veem.*

Joquebede, a mãe de Moisés, viu algo em seu filho. Do mesmo modo, precisamos de mulheres que vejam o extraordinário no ordinário, mulheres que vejam o que outros não veem. Filhas de Deus que o enxerguem em seus filhos, suas irmãs, seus irmãos, seus maridos e seus amigos. Mulheres que discipulem outras pessoas no temor e no amor ao Senhor. Mulheres com um coração materno que vejam algo bom e piedoso nas novas gerações. Mulheres que nutram outras pessoas com o leite da Palavra de Deus, entregando-as à próxima fase da vida assim que desmamarem.

Há alguém que você vê que precisa de proteção, cuidado e preparação nessa luta pela feminilidade?

Deus unge mulheres que fazem conexões.

Miriã foi profeticamente ungida para fazer conexões oportunas e úteis. Ela observou e esperou até que a princesa encontrasse Moisés e conectou a princesa com alguém que poderia prover leite para o menino. Ela conectou um filho em perigo com uma protetora da realeza. Miriã se tornou profetisa e conduziu as filhas de Israel na dança, unindo-se a seu irmão Moisés no primeiro cântico de adoração registrado nas Escrituras (Êxodo 15). Precisamos de mulheres que façam conexões divinas para provisão e proteção. Mulheres proféticas que lutem por meio da adoração e da obediência, tendo

> **PRECISAMOS DE MULHERES QUE VEJAM O QUE OUTROS NÃO VEEM.**

# A disputa pela mulher

em mente que a dança divinamente trançada em adoração é uma arma.

Quais conexões você pode fazer para ajudar outras pessoas? Existe alguma canção que precise escrever, cantar ou dançar acerca de sua situação?

*Deus unge mulheres com influência.* A filha do faraó usou sua influência para resgatar uma vida que o faraó, seu pai, havia condenado, sendo uma advogada que recorreu à sua posição para levantar os desamparados. Toda medida de influência que recebemos é para a glória de Deus. A empatia daquela princesa foi parte da libertação de Israel, e sua generosidade deu a Moisés uma educação e um lar.

> Aqueles de nós que forem mais fortes e capazes na fé têm o dever de ajudar os que são vacilantes, não devem fazer apenas o que for conveniente. **Se temos força é para servir, não para ganhar prestígio.** (Romanos 15:1, *A Mensagem*, grifo da autora)

Este mundo precisa de mulheres fortes e capazes na fé, não de mulheres fracas e afundadas em seus temores. Mulheres irritadas batem nos outros, mas as mulheres fiéis lhes estendem a mão.

Servir a Deus e ao próximo requer muito mais força do que posição social. Certamente, o serviço não é tão visto e valorizado pelas pessoas quanto sua posição social, pelo menos não agora. Contudo, o serviço será recompensado por nosso Pai celestial, que recompensa fielmente as coisas que os outros desvalorizam. Se você ajudar secretamente alguém que está passando por dificuldades, receberá uma recompensa maior do que postar suas boas obras nas redes sociais.

Pessoas estão cambaleando ao nosso redor e, quando alguém cambaleia por muito tempo, está perto de cair. O peso do desânimo e o estresse da ansiedade estão batendo recordes

## LUTANDO POR MAIS HEROÍNAS

históricos. Quando alguém cai, é evidente que precisa de ajuda, mas é fácil perder de vista uma pessoa cambaleando se não prestarmos atenção. Este mundo sempre buscará posição social em vez de serviço. E é por essa mesma razão que não podemos fazer o mesmo. Precisamos de mulheres com uma fé inabalável e capaz.

Sejamos mulheres dispostas a avançar e *fazer o que precisa ser feito*, mesmo quando não somos vistas ou quando não nos pedem para agir assim. Mulheres que veem as necessidades dos que cambaleiam e lhes estendem a mão. Precisamos umas das outras mais que nunca. Filhas e filhos precisam que suas mães sejam mães. Maridos precisam que suas esposas sejam amorosas, sábias e capazes. Irmãs carecem de amizades femininas fortes.

> PRECISAMOS DE MULHERES COM UMA FÉ INABALÁVEL E CAPAZ.

No sonho que contei a você no primeiro capítulo deste livro, mulheres carregavam e acariciavam filhotes de dragão. É impossível não ver que esses dragões representam as forças espirituais por trás das ideologias que distorcem a masculinidade e a feminilidade. Não havia homens no salão de meu sonho; apenas mulheres. Se pelo menos elas soubessem o que eu sabia, elas mesmas teriam quebrado o pescoço dos dragões e empunhado espadas para ajudar suas irmãs a fazerem o mesmo.

Se o inimigo tivesse se apresentado em sua verdadeira forma, aquelas mulheres teriam lançado fora aquilo que aninhavam nos braços. Se pelo menos elas tivessem entendido que a bondade e o cuidado delas para com dragões não eram recíprocos, mas, sim, motivo do riso mais cruel... Se pelo menos elas tivessem discernido que a motivação dos dragões não era amá-las nem protegê-las, mas, sim, o ódio paciente de um antigo inimigo, que está disposto a aguardar o momento certo para matar seus filhos e emboscá-los com insuportável dor. Mas, então, como venceremos essa batalha?

A disputa pela mulher

## Lutamos florescendo

> "Ame o Senhor, o seu Deus, de todo o seu coração, de toda a sua alma, de todo o seu entendimento e de todas as suas forças". O segundo é este: "Ame o seu próximo como a si mesmo". Não existe mandamento maior do que estes. (Marcos 12:30-31)

Quando estamos em guerra com um dragão, é um erro combater fogo com fogo. Ele é o acusador original. Acusações só geram mais acusações, e isso, por sua vez, dá ao dragão um suprimento infinito de chamas. Precisamos de um elemento eterno e mais poderoso. Precisamos cavar fundo e lutar florescendo. Em Isaías 27, vemos dois acontecimentos paralelos: a revelação do juízo de Deus e o surgimento do jardim do Senhor. Isaías 27:1 começa com uma janela profética para a peleja entre Deus e o dragão, e mostra a redenção da videira verdadeira e também da brava.

> O Eterno vai desembainhar a espada, sua espada impiedosa, pesada e poderosa. Ele castigará o Leviatã, a serpente em fuga, a serpente que desliza para se esquivar. Ele matará o velho dragão que vive no mar. (*A Mensagem*)

Com a morte do dragão, a videira ganha vida. Vemos esse glorioso contraste em Isaías 27:2-3:

> Naquele tempo, aparecerá uma bela vinha [ou videira], que poderá ser decantada! Eu, o Eterno, cuido dela. Eu a mantenho bem irrigada. Eu tomo conta dela com muito carinho para afastar os vândalos. (*A Mensagem*)

É aqui que estamos na história da luta pela feminilidade. Lutamos produzindo fruto em virtude de nossa conexão com

Jesus, nossa Videira. João 15 nos diz que Jesus é a nossa Videira, e nós, judeus e gentios, somos os seus ramos. Isaías 27:4-5 prossegue:

> Não estou irado. Eu me importo com ela. Mesmo que produza apenas espinheiros e roseiras bravas, eu vou arrancá-los e queimá-los. Que essa videira se agarre a mim para sua segurança; que ela encontre vida boa e plena comigo; que ela permaneça em mim para ter uma vida longa e agradável! (*A Mensagem*)

Não é lindo?

Quando nos apegamos a Cristo, descobrimos uma vida boa e plena.

Florescemos quando escolhemos amar.

Amor é mais do que um sentimento. Amor é uma ação.

Amor é um mandamento que é sempre uma escolha.

Nem sempre consigo escolher como me sinto, mas consigo escolher como reajo. Há ocasiões em que a vida exige atos de amor quando não estamos experimentando emoções ou sentimentos de amor. Uma mãe exausta vai se levantar no meio da noite para acalmar um filho amedrontado ou doente porque se comprometeu a amá-lo. Amor é compromisso. O amor é nossa proteção contra falhas, porque ele não pode falhar. O amor nunca mente, pois se alegra com a verdade.

O amor requer coragem, mas o ódio simplesmente requer covardia. O dragão odeia o amor.

A cada uma de nós, foi confiado algo com que amar as pessoas. Se você ainda está se perguntando o que é esse algo, talvez seja simplesmente aquilo em que você agora é forte, mas que não sabia como usar para servir às pessoas. Pare, reflita e pergunte ao Espírito Santo qual é o seu dom. Pode ser uma habilidade, um dom de discernimento, uma estratégia, a capacidade de obter recursos, de educar, de se destacar nos negócios, ou mesmo algo tão abnegado quanto prover um lar para alguém.

## A disputa pela mulher

O dragão teme mulheres que aprenderam que não se combate fogo com fogo, e sim fogo com amor. Que isso seja dito de nós! Que a nossa vida conte a eterna história de misericórdia, em que homens e mulheres encontram sua cura em Cristo! Vivamos como Paulo nos exorta em Filipenses:

> Levem uma vida pura e inculpável como filhos de Deus, brilhando como luzes resplandecentes num mundo cheio de gente corrompida e perversa. (2:5, NVT)

Falemos daquele que nos mostrou bondade, que abriu nossos ouvidos para ouvir a verdade e cuja misericórdia nos fortaleceu para deixarmos o pecado, a vergonha e a culpa. Em vez de repetirmos nossa história de rejeição, falemos de sua suprema adoção, disponível a todos. Sejamos corajosas o bastante para crer que somos verdadeiramente filhas de um reino divino, mulheres embaixadoras ungidas por seu Pai para falar de esperança e cura.

**EM VEZ DE REPETIR NOSSA HISTÓRIA DE REJEIÇÃO, FALEMOS DE SUA SUPREMA ADOÇÃO.**

Em vez de nos lembrarmos das pessoas que não nos ajudaram quando precisamos, sejamos amigas que fazem isso pelos outros. Quando agimos assim, honramos aquele que prometeu nunca nos abandonar e aprendemos novamente os caminhos de nosso Príncipe da Paz, que foi morto injustamente por nossos pecados. Nas guerras terrenas, as pessoas morrem, mas nós lutamos por um reino de amor em que os mortos são ressuscitados para uma nova vida.

Mulheres, proclamemos o reino de Deus buscando uma vida de fé, esperança e amor. Lembremo-nos de que nosso Pai nos confiou a feminilidade, para que ele, o Deus Altíssimo, seja glorificado em nossa forma feminina.

# AGRADECIMENTOS

*A disputa pela mulher* foi, de longe, o livro mais difícil que já escrevi. Por isso, seria negligência de minha parte deixar de agradecer à minha editora, Andrea, cuja paciente sabedoria me guiou por todo esse doloroso processo.

Quero agradecer à minha família e à minha equipe, que sacrificaram tanto de seu tempo comigo enquanto eu trilhava esta jornada. Não tenho palavras para expressar meu amor por vocês.

# NOTAS

**Capítulo 1**

[1] Neil Gaiman, *Coraline* (Nova York: Harper Collins, 2002), epígrafe. De acordo com Gaiman, essa é sua paráfrase de uma citação mais longa de G. K. Chesterton em seu livro *Tremendous Trifles*. Disponível em: https://neil-gaiman.tumblr.com/post/42909304300/my-moms-a-librarian-and-planning-to-put-literary.

[2] Joseph Pearce, "Rescuing Our Maidens from the Culture of Death", *The Imaginative Conservative*, 24 abr. 2023 (orig. pub. em fev. 2016), Disponível em: https://theimaginativeconservative.org/2023/04/rescuing-maidens-culture-death-joseph-pearce.html.

[3] Sara Jahnke, Nicholas Blagden e Laura Hill, "Pedophile, Child Lover, or Minor-Attracted Person? Attitudes toward Labels among People Who Are Sexually Attracted to Children", *Archives of Sexual Behavior* 51, n. 8 (2022): 4125-4139. Disponível em: https://doi.org/10.1007/s10508-022-02331-6.

**Capítulo 3**

[1] Dr. Andrew Newberg e Mark Robert Waldman, *Words Can Change Your Brain* (Nova York: Avery, 2013), p. 3.

[2] Abigail Shrier, *Irreversible Damage: The Transgender Craze Seducing Our Daughters* (Washington, DC: Regnery, 2020), p. 212.

[3] N. T. Wright, *Paulo para todos: Romanos 9-16: Parte 2* (Rio de Janeiro: Thomas Nelson Brasil, 2017), p. 88-87.

[4] C. S. Lewis, *Prefácio ao Paraíso Perdido* (Rio de Janeiro: Thomas Nelson Brasil, 2024), p. 165.

[5] Nancy R. Pearcey, *Love Thy Body: Answering Hard Questions about Life and Sexuality* (Grand Rapids: Baker Books, 2018), p. 223.

**Capítulo 4**

[1] N. T. Wright, *Paulo para todos: Cartas da prisão: Efésios, Filipenses, Colossenses e Filemon* (Rio de Janeiro: Thomas Nelson Brasil, 2020), p. 94-95.

**Capítulo 5**

[1] "'Dramatic' Decline in Worldwide Total Fertility Rates Predicted", *Focus on Reproduction*, 23 jul. 2020. Disponível em: https://www.focusonreproduction.eu/article /News-in-Reproduction-Population.

# A disputa pela mulher

[2] Prarthana Prakash, "Millennials and Gen Z Won't Have Enough Kids to Sustain America's Population—and It's Up to Immigrants to Make Up the Baby Shortfall", *Fortune*, 25 jan. 2023. Disponível em: https://fortune.com/2023/01/25/us-population-growth-immigration-millennials-gen-z-deficit-births -marriage/.

[3] "Mother Teresa Takes Pro-Life Message to the Supreme Court", EWTN Global Catholic Network, acesso em 21 dez. 2023. Disponível em: https://www.ewtn.com/catholicism/library/mother-teresa-takes-prolife-message-to-the-supreme-court-2701. Esse artigo é extraído da edição de 24 de fevereiro de 1994, do *The Arlington Catholic Herald*.

[4] "Global and Regional Estimates of Unintended Pregnancy and Abortion", Guttmacher Institute, mar. 2022. Disponível em: https://www.guttmacher.org/fact-sheet/induced-abortion-worldwide. Essa estatística também é disponibilizada pela World Health Organization. Disponível em: https://www.who.int/news-room/fact-sheets/detail/abortion.

[5] Mona Lilja, Mikael Baaz e Filip Strandberg Hassellind, "(Re)sketching the Theorizing around 'Missing Women': Imageries of the Future, Resistance, and Materializing Aspects of Gender", *International Feminist Journal of Politics* 25, n. 2 (2023): 266-87. Disponível em: https://doi.org/10.1080/14616742.2021.1981769.

[6] Richard Fry, "A Record-High Share of 40-Year-Olds in the U.S. Have Never Been Married", Pew Research Center, 28 jun. 2023. Disponível em: https://www.pewresearch.org/short-reads/2023/06/28/a-record-high-share-of-40-year-olds-in-the-us-have-never-been-married/.

[7] "Sexual Revolution: Definition, Liberation & Consequences", Study.com, atualizado em 21 de novembro de 2023. Disponível em: https://study.com/learn/lesson/sexual-liberation-movement-origin-timeline-impact-revolution.html#:~:text=The%20sexual%20revolution%20was%20brought,Riots%2C%20and%20the%20Woodstock%20festival.

[8] G. P. Joffe et al. "Multiple Partners and Partner Choice as Risk Factors for Sexually Transmitted Disease among Female College Students", *Sexually Transmitted Diseases* 19, n. 5 (1992): 272-8. Disponível em: https://doi:10.1097/00007435-199209000-00006.

[9] "Global HIV & AIDS Statistics—Fact Sheet", UNAIDS, atualizado em 2023. Disponível em: https://www.unaids.org/en/resources/fact-sheet.

[10] Luke Gilkerson, "Get the Latest Pornography Statistics", Covenant Eyes, atualizado em 08 set. 2021. Disponível em: https://www.covenanteyes.com/2013/02/19/pornography-statistics/; "Internet Pornography by the Numbers; A Significant Threat to Society", Webroot. Acesso em: 01 dez. 2023. Disponível em: https://www.webroot.com/us/en/resources/tips-articles/internet-pornography-by-the-numbers.

[11] Jahnke, Blagden e Hill, "Pedophile, Child Lover, or Minor-Attracted Person?".

[12] Anjali Thakur (org.). "US Professor Stirs Controversy for Encouraging People to Read about Sex with Animals", NDTV World, atualizado em 13 nov. 2023. Disponível em: https://www.ndtv.com/world-news/us-professor-stirs-controversy-for-encouraging-people-to-read-about-sex-with-animals-4570842.

NOTAS

[13] Chrissy Sexton, "Lab-Grown Babies Could Become a Reality within Five Years", Earth.com, 25 maio 2023. Disponível em: https://www.earth.com/news/lab-grown-babies-revolutionary-science-or-ethical-disaster/.

[14] Aldous Huxley, *Brave New World* (Londres, 1932; Project Gutenberg Canada, 2016), cap. 3. Disponível em: https://gutenberg.ca/ebooks/huxleya-bravenewworld/huxleya-bravenewworld-00-h.html.

## Capítulo 6

[1] Rav Chaim Navon, "The Woman in Creation", trad. David Strauss, Israel Koschitzky Torat Har Etzion, 2 jul. 2016. Disponível em: https://www.etzion.org.il/en/philosophy/issues-jewish-thought/topical-issues-thought/woman-creation.

## Capítulo 7

[1] Mallory Millett, "Marxist Feminism's Ruined Lives", *FrontPage Magazine*, 1º set. 2014. Disponível em: https://www.frontpagemag.com/marxist-feminisms-ruined-lives-mallory-millett/.

[2] Wikipedia, s.v. "Kate Millett", última modificação em 8 de fevereiro de 2024. Disponível em: https://en.wikipedia.org/wiki/KateMillettt#:~:text=Millettt%20came%20out%20as%20a,was%20married%20to%20Sophie%20Keir.

[3] Robin Morgan, *Sisterhood Is Powerful: An Anthology of Writings from the Women's Liberation Movement* (Nova York: Vintage Books, 1970), p. 602.

[4] Carolyn Susman, "Steinem Reminisces about Late Husband, Envisions Her Future", *The Ledger*, 27 mar. 2004. Disponível em: https://www.theledger.com/story/news/2004/03/27/steinem-reminisces-about-late-husband-envisions-her-future/26106870007/#:~:text=Steinem%2C%20the%20activist%20who%20had,animal%20rights%20activist%20David%20Bale.

[5] Veja Jason Pierce, "Betty Friedan and the Women's Movement", Bill of Rights Institute, acesso em 28 mar. 2024. Disponível em: https://billofrightsinstitute.org/essays/betty-friedan-and-the-womens-movement.

[6] *Merriam-Webster*, s.v. "patriarch (n.)", acesso em 22 jan. 2024. Disponível em: https:// www.merriam-webster.com/dictionary/patriarch.

[7] "So Babygirl! It's the New Gen Z Term of Endearment—But What Does It Mean?", *The Guardian*, 24 jan. 2024. Disponível em: https://www.theguardian.com/lifeandstyle/2024/jan/24/so-babygirl-its-the-new-gen-z-term-of-endearment-but-what-does-it-mean#:~:text=There%20is%20a%20conventional%20usage,the%20South%20Korean%20superstar%20Jimin.

[8] Idil Karsit, "Why Are People Not Getting Married Anymore?", CNBC.com, 19 jul. 2023. Disponível em: https://www.cnbc.com/video/2023/07/19/why-are-people-not-getting-married-anymore.html#:~:text=In%20the%20U.S.%2C%20marriage%20has,at%20the%20University%20of%20Virgini.

[9] *Merriam-Webster*, s.v. "abhor (v.)", acesso em 11 mar. 2024. Disponível em: https://www.merriam-webster.com/dictionary/abhor.

## Capítulo 8

[1] Thomas Sowell, "On Many Political Lessons That Need to Be Learned", *National Review*, 1º nov. 2016. Disponível em: https://www.nationalreview.com/2016/11/thomas-sowell-thoughts-about-political-cultural-scene-2016/.

## A disputa pela mulher

[2] Katie Mettler, "Hillary Clinton Just Said It, but 'The Future Is Female' Began as a 1970s Lesbian Separatist Slogan", *The Washington Post*, 8 fev. 2017. Disponível em: https://www.washingtonpost.com/news/morning-mix/wp/2017/02/08/hillary-clinton-just-said-it-but-the-future-is-female-began-as-a-1970s-lesbian-separatist-slogan/.

[3] "Disparities in Suicide", Centers for Disease Control and Prevention, acesso em 21 dez. 2023. Disponível em: https://www.cdc.gov/suicide/facts/disparities-in-suicide.html.

[4] Rachel Roubein, "Suicides Are Spiking among Young Men", *Washington Post*, 30 set. 2022. Disponível em: https://www.washingtonpost.com/politics/2022/09/30/suicides-are-spiking-among-young-men/.

[5] Carrie Gress, *The End of Woman: How Smashing the Patriarchy Has Destroyed Us* (Washington, DC: Regnery Publishing, 2023), p. xxiv.

[6] Gress, *End of Woman*, p. xxiv.

[7] Selwyn Duke, "Stopping Truth at the Border", *RenewAmerica*, 6 de maio de 2009. Disponível em: http://www.renewamerica.com/columns/duke/090506.

[8] Francesca Menato, "Is Lying Making Your Muscles Weaker?", 24 jul. 2018, *Women's Health*. Disponível em: https://www.womenshealthmag.com/uk/health/mental-health/a704381/is-lying-making-your-muscles-weaker/.

[9] Thomas Paine, *Common Sense*, ed. Richard Beeman (Nova York: Penguin Books, 2012), p. 3.

## Capítulo 9

[1] Egard Watches, "Erased: A Message to Woke Corporate America (Nike and Budweiser)", YouTube, 14 abr. 2023, anúncio publicitário, 1:19. Disponível em: https://www.youtube.com/watch?v=H5XrTxzr2Wg.

[2] Ian Janssen, Steven B. Heymsfield, ZiMian Wang e Robert Ross et al., "Skeletal Muscle Mass and Disribution in 468 Men and Women Aged 18–88 Yr.", *Journal of Applied Physiology* 89, n. 1 (2000): 81-88. Disponível em: https://doi.org/10.1152/jappl.2000.89.1.81.

[3] Bryndis Blackadder, "Trans-Identified Male Student Wins 'Fastest Sophomore Girl' Title at Maine Race Meet", Reduxx, 23 out. 2023. Disponível em: https://reduxx.info/trans-identified-male-student-wins-fastest-sophomore-girl-title-at-maine-race-meet/; Steve Craig, "Transgender Girl Makes History with Victory at Cross Country Regional", *Portland Press Herald*, atualizado em 21 de outubro de 2023. Disponível em: https://www.pressherald.com/2023/10/21/transgender-girl-makes-history-with-victory-at-cross-country-regional/.

[4] Melissa Koenig, "School Stands by Trans Basketball Player Accused of Hurting Opposing Girls, Blasts 'Harmful' Criticism", *New York Post*, 28 fev. 2024. Disponível em: https://nypost.com/2024/02/28/sports/school-stands-by-trans-basketball-player-accused-of-hurting-opposing-girls-blasts-harmful-criticism/.

[5] Cornelius Tacitus, *The Annals*, livro 15, cap. 44, ed. Alfred John Church e William Jackson Brodribb, Perseus Digital Library, acesso em 7 nov. 2023. Disponível em: https://www.perseus.tufts.edu/hopper/text?doc=Perseus%3Atext%3A1999.02.0078%3Abook%3D15%3Achapter%3D44.

# NOTAS

6 *The Satires of Juvenal, Persius, Sulpicia, and Lucilius*, trad. Lewis Evans e William Gifford, Project Gutenberg, acesso em 7 de novembro de 2023. Disponível em: https://www.gutenberg.org/files/50657/50657-h/50657-h.htm#Page1.

7 Elie Wiesel, prefácio a *The Courage to Care: Rescuers of Jews during the Holocaust*, ed. Carol Rittner e Sondra Myers (Nova York: New York University Press, 1986), p. x.

8 Stanisław Jerzy Lec, *More Unkempt Thoughts*, trad. Jack Galazka (Nova York: Funk & Wagnalls, 1968), p. 9.

## Capítulo 10

1 *Merriam-Webster*, s.v. "common sense (n.)", acesso em 22 jan. 2024. Disponível em: https://www.merriam-webster.com/dictionary/common%20sense.

2 *Voltaire's Philosophical Dictionary* (Nova York: Carlton House, 1950; Project Gutenberg, 2006), p. 78. Disponível em: https://www.gutenberg.org/files/18569/18569-h/18569-h.htm.

3 Phyllis Schlafly, "Setback for the Transgender Agenda", *Eagle Forum*, 31 ago. 2016. Disponível em: https://eagleforum.org/publications/column/setback-for-the-transgender-agenda.html.

4 Megyn Kelly, "14-Year-Old Irish Girl Speaks Out on Biological Reality and Trans Indoctrination to Megyn Kelly", vídeo postado no YouTube, 28 abr. 2023. Disponível em: https://www.youtube.com/watch?v=KRvAcEm2v3c.

5 J. K. Rowling (@jk_rowling), postagem no Twitter, 6 jun. 2020, 6:02 p.m. Disponível em: https://twitter.com/jk_rowling/status/1269389298664701952?lang=en.

6 Nelson Mandela, "Address at Worcester Station", discurso, Worcester, África do Sul, 27 set. 1997, The Nelson Mandela Foundation Archive. Disponível em: https://atom.nelsonmandela.org/index.php/za-com-mr-s-511.

7 The Daily Wire (@realDailyWire), "Pro-Choice Activist Tries to Convince @michaeljknowles to Say 'Pregnant People' Instead of 'Mothers'", vídeo no X (antigo Twitter), 7 dez. 2022. Disponível em: https://twitter.com/realDailyWire/status/1600594242040201217?lang=en.

8 "Pronouns and Inclusive Language", LGBTQIA Resource Center, acessado em 12 mar. 2024. Disponível em: https://lgbtqia.ucdavis.edu/educated/pronouns-inclusive-language.

9 Wikipedia, s.v. "doublespeak", última modificação em 15 de outubro de 2023. Disponível em: https://en.wikipedia.org/wiki/Doublespeak.

10 George Orwell, *1984* (Nova York: Harcourt, 1949), p. 5.

11 Essa citação é frequentemente atribuída a Saul Alinsky em *Rules for Radicals*, mas não aparece ali. Parece ser uma releitura da frase de George Orwell "who controls the past. . . controls the future; who controls the present controls the past" (*1984*, p. 37).

12 *Merriam-Webster*, s.v. "language (n.)", acessado em 22 jan. 2024. Disponível em: https://www.merriam-webster.com/dictionary/language, ênfase acrescentada.

13 Jordan B. Peterson, *12 Rules for Life* (Toronto: Random House, 2018), p. 250.

14 George Orwell, "Politics and the English Language", The Orwell Foundation, acesso em 21 dez. 2023. Disponível em: https://www.orwellfoundation.com/the-orwell-foundation/orwell/essays-and-other-works/politics-and-the-english-language/.

## A disputa pela mulher

[15] *Merriam-Webster*, s.v. "pervert (v.)", acesso em 22 jan. 2024. Disponível em: https://www.merriam-webster.com/dictionary/pervert.

[16] *Merriam-Webster*, s.v. "nonsense (n.)", acesso em 22 jan. 2024. Disponível em: https://www.merriam-webster.com/dictionary/nonsense.

### Capítulo 11

[1] Andrew Milne, "How a Teenage Boy Named Sporus Became Empress of Rome under Nero's Rule", All That's Interesting, 25 ago. 2020. Disponível em: https://allthatsinteresting.com/sporus.

[2] Brianna January, "Joe Rogan and Guest Discuss Whether Trans People Are a Sign of 'the End o f America'", Media Matters for America, 18 set. 2020. Disponível em: https://www.mediamatters.org/joe-rogan-experience/joe-rogan-and-guest-discuss-whether-trans-people-are-sign-end-america.

[3] George Santayana, *The Life of Reason: The Phases of Human Progress*, Project Gutenberg, última atualização em 10 de março de 2021. Disponível em: https://www.gutenberg.org/files/15000/15000-h/15000-h.htm.

[4] *Merriam-Webster*, s.v. "cis- (prefix)", acesso em 22 jan. 2024. Disponível em: https://www.merriam-webster.com/dictionary/cis-.

[5] *Merriam-Webster*, s.v. "trans- (prefix)", acessado em 22 jan. 2024. Disponível em: https://www.merriam-webster.com/dictionary/trans-.

[6] American Psychiatric Association, *Diagnostic and Statistical Manual of Mental Disorders*, 5. ed., revisão de texto (Washington, DC: American Psychiatric Association, 2022), p. 511-20.

[7] American Psychiatric Association, *Diagnostic and Statistical Manual of Mental Disorders*, 5. ed. (Washington, DC: American Psychiatric Association, 2013), p. 454.

[8] David Brown, "Seven Sex Attacks in Women's Jail by Transgender Convicts", *The Times*, 11 maio 2020. Disponível em: https://www.thetimes.co.uk/article/seven-sex-attacks-in-womens-jails-by-transgender-convicts-cx9m8zqpg; e Salvador Rizzo, "Victim of School Bathroom Sexual Assault Sues Va. School District", *The Washington Post*, 5 out. 2023. Disponível em: https://www.washingtonpost.com/education/2023/10/05/loudoun-sexual-assault-stone-bridge/.

[9] Morgonn McMichael, "Trans-Identified Student Attacks Female in Halls of Oregon Middle School", *Turning Point USA*, 28 set. 2023. Disponível em: https://www.tpusa.com/live/trans-identified-student-atttacks-female-in-halls-of-oregon-middle-school.

[10] "Trans Teen Makes History as Homecoming Queen", Representado por CNN, acesso em 6 nov. 2023, vídeo, 1:54. Disponível em: https://www.cnn.com/videos/us/2021/10/05/transgender-homecoming-queen-florida-high-school-affil-pkg-vpx.wesh; e Mike Stunson, "LGBTQ+ Students Win Ohio Prom King and Queen in 'Iconic Moment' Then Came the Vitriol", *Miami Herald*, acesso em 3 maio 2023. Disponível em: https://www.miamiherald.com/news/nation-world/national/article275015231.htm.

[11] Kristina Watrobski, "Dylan Mulvaney Named 'Woman of the Year' by British Magazine", *NBC Montana*, acesso em 12 out. 2023. Disponível em: https://nbcmontana.com/news/nation-world/dylan-mulvaney-named-woman-of-the-year-by-british-magazine-some-people-dont-see-me-as-a-woman-lgbt-transgender-trans-bud-light-anheuser-busch-beer-attitude-magazine;

e Suzette Hackney, "'Be True to Yourself ': A Message from the Nation's Highest-Ranking Openly Transgender Official", *USA Today*, 13 mar. 2022. Disponível em: https://www.usatoday.com/in-depth/opinion/2022/03/13/rachel-levine-honoree-usa-today-women-of-the-year/6600134001/1.

[12] Christy Choi, "Miss Universe Will Feature Two Trans Contestants for the First Time", *CNN*, 13 out. 2023. Disponível em: https://www.cnn.com/style/miss-universe-trans-contestants-netherlands-portugal/index.html; Hannah Malach, "Miss Universe R'Bonney Gabriel Crowns First Transgender Winner of Miss Netherlands", Women's Wear Daily, 10 jul. 2023. Disponível em: https://wwd.com/pop-culture/celebrity-news/miss-universe-transgender-rikkie-kolle-miss-netherlands-1235738824/1.

[13] G. K. Chesterton, citado na introdução ao livro de Charles Dickens, *The Life and Adventures of Nicholas Nickleby* (Londres: J.M. Dent & Co, 1907), p. viii.

[14] David K. Li, Erik Ortiz e Marlene Lenthang, "Police Chief Tells NBC News a Sense of 'Resentment' May Have Fueled Nashville Shooter's Attack at Former School", *NBC News*, 27 mar. 2023. Disponível em: https://www.nbcnews.com/news/us-news/nashville-christian-school-shooter-appears-former-student-police-chief-rcna76876.

[15] Hannah Natanson e Moriah Balingit, "Caught in the Culture Wars, Teachers Are Being Forced from Their Jobs", *The Washington Post*, 16 jun. 2022. Disponível em: https://www.washingtonpost.com/education/2022/06/16/teacher-resignations-firings-culture-wars/.

[16] Joshua Q. Nelson, "11-Year-Old Reads Aloud from 'Pornographic' Book He Checked Out from Library at School Board Meeting", *New York Post*, 28 fev. 2023. Disponível em: https://nypost.com/2023/02/28/knox-zajac-reads-aloud-from-pornographic-book-at-school-board-meeting/.

[17] Nikolas Lanum, "Man Forcibly Removed from School Board Meeting by Security While Reading from LGBTQ Book: 'Unconstitutional'", *Fox News*, 23 ago. 2023. Disponível em: https://www.foxnews.com/media/man-forcibly-removed-school-board-meeting-security-reading-lgbtq-book-unconstitutional.

[18] UCLA School of Law, "New Estimates Show 300,000 Youth Ages 13–17 Identify as Transgender in the US", The Williams Institute press release, 10 jun. 2022. Disponível em: https://williamsinstitute.law.ucla.edu/press/transgender-estimate-press-release/.

### Capítulo 12

[1] *Merriam-Webster*, s.v. "idol (n.)", acesso em 24 jan. 2024. Disponível em: https://www.merriam-webster.com/dictionary/idol.

[2] Fyodor Dostoevsky, *The Brothers Karamazov*, Bantam Classics ed. (1880; repr., Nova York: Bantam Dell, 2003), p. 4193

[3] Charles Kingsley, *Alton Locke, Tailor and Poet: An Autobiography* (Oxford, 1856; Project Gutenberg, 2016), Prefatory Memoir. Disponível em: https://www.gutenberg.org/cache/epub/8374/pg8374-images.html.

### Capítulo 13

[1] *Alice in Wonderland*, dirigido por Tim Burton (Burbank, CA: Walt Disney Studios Motion Pictures, 2010), DVD.

## A disputa pela mulher

[2] G. Michael Hopf, *Those Who Remain: A Postapocalyptic Novel* (publicação própria, 2016), p. 18.

[3] Jordan B. Peterson, "Tyrant Contra God Biblical Series: Exodus Episode 1", 23:37–26:17, *Daily Wire*, 25 nov. 2022. Disponível em: https://www.youtube.com/watch?v=GEASnFvLxhU; Dovie Schochet, "Who Were Shifra and Puah, the 'Hebrew Midwives'?", acesso em 24 jan. 2024. Disponível em: https://www.chabad.org/parshah/articlecdo/aid/3555182/jewish/Who-Were-Shifra-and-Puah-the-Hebrew-Midwives.htm; Shira Schechter (moderadora), "Were Shiphrah and Puah the First Righteous Gentiles?", The Israel Bible, 19 dez. 2021. Disponível em: https://theisraelbible.com/were-shiphrah-and-puah-the-first-righteous-gentiles/.

Este livro foi impresso pela Ipsis, em 2024,
para a Thomas Nelson Brasil.
A fonte usada no miolo é Noto Serif 9/14,5.
O papel é pólen bold 70g/m$^2$.